良き妻、良き夫婦への道しるべ

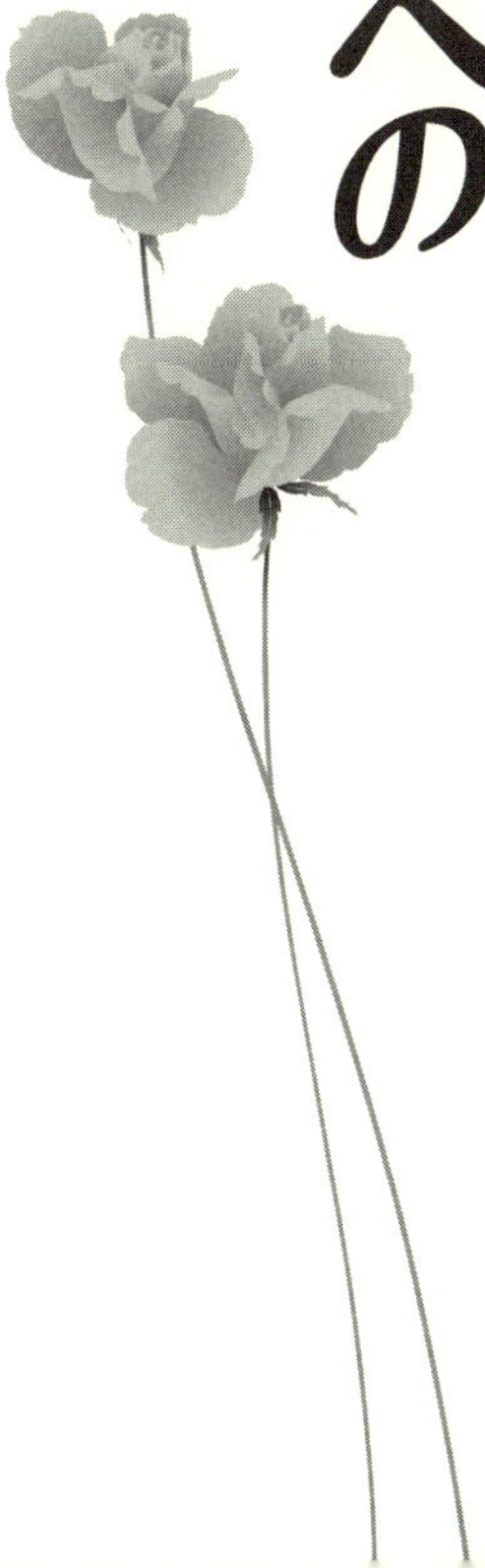

倉内和義
Kurauchi Kazuyoshi

光言社

はじめに

私たちは、み言《ことば》と出会い、貴い神様のみ旨を知りました。理想の家庭を築き、理想世界を建設するという大きな夢と理想を抱き、それを実現しようと、今日まで献身的に五年、十年、あるいは二十年と歩んできました。しかし、そのことによって、心ならずも、夫や子供たちにも重荷の一端を担わせてしまったことも事実でした。

私たちは、み旨を歩みながら、あまりにも忙しく走り回ってきたことで、いつしか「み旨」が何であるかさえも分からなくなっている自分に気づくこともあるのではないでしょうか。み旨のために歩みながら、夫と子供が神様から遠ざかってしまったならば、何のために歩んできたのかと、自分を責めてしまうことにもなりかねません。夫のために、家庭のためにと一途に思って一生懸命に歩んできた道も、本来願った結果が得られていないとしたら、何が足りなかったのかを、一度整理してみることも必要なのではないでしょうか。

真のお父様は「ただがむしゃらに、しゃにむにやる時代は過ぎた」ともおっしゃっています。ただ頑張っていればよいというのではないのです。どのように頑張れば、神様の願いと私たちの願いが一つになって実現されるかということが問題なのです。私たちの歩みに神様が働いてくださるにはどうすればよいのでしょうか。どうすれば夫を、家族を、共に天国に導くことができるのでしょうか。

真の父母様も、復帰の道をたどっていかれるときには〝原理原則〟に立って勝利していかれました。私たちに必要なのは、人間的に努力すること以上に原理原則に立って、一つ一つのことに取り組んでいくことであると思うのです。

今は天一国《てんいちこく》時代です。これまでの個人の信仰で終わる時代から、家庭完成の時代へと時代は移ってまいりました。私たちの信仰は、家庭の中に「愛」として実ってこそ、今日の時代にふさわしい信仰として熟していくことでしょう。

家庭の中心核は夫婦ですから、理想の夫婦としての夫婦愛の完成をしない限り、家庭完成はないということになります。家庭完成をなさなければ、天一国を築き上げることはできません。

天一国の国民は祝福家庭ですから、祝福を受けた家庭が天一国の民として登録されていくのです。私たち自身が、その祝福中心家庭として家庭完成を成し遂げなければ、天一国理想を実現することはできないのです。

天国の門の前までは一人でも行くことができますが、天国には最低でも夫婦でなければ入ることができません。一人だけでは、天国の門番に「あなたは資格がありません」と言われ、追い返されることになるでしょう。そうならないように、「夫も共に参りました」と言えるようにしなければならないのです。

このように考えると、それは「マイホーム主義になるのでは?」と懸念する方もいるでしょうが、決してそうではないのです。家庭のためにだけ生きればよいという主義ではなく、その家庭は世界のため、人類のために生きる家庭であり、何よりも神様のみ旨のために存在してこそ、真の理想の家庭として立つことができるのです。

人類始祖が失った「家庭理想」を取り戻さずして、神様を解放してさしあげる道はないのだということを、私たちは心に固く誓って日々の信仰生活に向かわなければならないと思うのです。

夫伝道は天国に入るための必須項目です。必ずやり遂げる必要があるのです。ご主人や子供を置いたまま、天国に行くことはできないのです。

本書は夫伝道のために行ってきた講座をまとめたものです。

第一章は、「原理的夫婦観の確立」、第二章は「原理的家庭観の確立」です。夫伝道について考える前に、夫婦、家庭について、原理的な観点からその価値を確認します。

第三章は「長子権復帰」です。これは夫伝道に大きくつながっていきます。長子権復帰の具体的な取り組みが、伝道としての取り組みです。これが第四章の「夫を伝道する」です。

夫を〝自分の夫〟と思うから難しいことも、自分の伝道対象者と思って取り組んでいけば、心情的に難しくなった問題を解決する方法も出てくるでしょう。

第五章は、「良き妻として、良き母として」です。良い夫になってもらいたいと願う前に、妻である自分自身が「良い妻、良い母」にならなければならないということです。一般的にも、「相手を変えたければ、まず自分が変わりなさい」と言われるのではないでしょうか。

最後の第六章は、「夫婦生活の改善」です。「夫婦生活の芸術化」というみ言がありますが、これはとても重要なことです。夫婦の問題で最も重要なテーマこそが「夫婦の性生活」だと思います。ご主人を本当に喜ばせ、復興させ、復帰していくための鍵になるのが夫婦生活です。

この夫婦生活がうまくいかないと、ご主人を喜ばせ、満足させてあげることはできません。喜びがないのに、ご主人が妻と共に行くことは難しいということです。

ですから、ご主人に「本当におまえを嫁にもらってよかった。私のために生まれてきてくれて、ありがとう」と言ってもらえる妻になれるよう、夫婦生活について具体的に整理していきたいと思います。

夫伝道ができた方と全くできない方がいます。その違いは、信じて実践していった人と、思っているのに何もしてこなかった人との差なのです。実践して投入すれば、必ず結果は出てくるのです。

ご主人から厳しい言葉を掛けられながらも、あきらめないで、一つでも必死に実践していこうと努力していかれた方が、最終的に祝福にたどり着いたという証しはたくさんあるのです。

話を聞いているときは「ああ、本当にそうだ」と思うけれども、家に帰ったら「私、やっぱりできない」と元の自分に戻って何もしない。これでは夫伝道は難しいというのです。

実践することが必要です。それを自分でチェックし、その結果を天に報告します。できなかったことは反省して、もう一度決意してやり直すのです。このことを繰り返していくならば、ご主人を変えていくことができるでしょう。

夫伝道は必ずできます。本当は皆さんが考えているほど難しいものではないのです。夫伝道を難しくさせているのは、ほかならぬ自分自身だということを忘れないでください。そのポイントをよく理解して取り組みましょう。

「うちの夫は頑固で、全く駄目です」という話を聞いて、その婦人の家庭を訪問したことがあります。三、四時間、腹を割って真剣に話し合ったところ、帰りにはご主人が玄関まで見送り、「頑張ってください」と励まされることがありました。たった三時間でも、私たちの誠意で意識が変わるのです。

「何十年も連れ添っているのに、主人の意識が変わらない」というのは、なぜでしょうか。

ご主人と話をしながら、奥様の言動を観察してみると、奥様の態度や話し方に、ご主人の気持ちを逆なでするような言動が多く見受けられるのです。

夫伝道が難しい方の話を聞いてみると、「私は一生懸命やっています」と言いますが、夫の責任ばかりを追及して、自分に非があることに気づいていないことも実に多いのです。「もしかしたら自分の言動に少し問題があったかもしれない」と気づき始めたら、夫伝道は一歩前進したと考えてよいのかもしれません。

夫婦が一つになり、家族が一つになって天一国を目指すことができたならば、どれほど素晴らしいでしょうか。「蕩滅」の時代から、希望の建設の時代に向かって前進していく推進力こそ「家庭」であることを信じて、夫を伝道し、家族を伝道し、氏族圏を伝道していく私たちでありたいものです。

二〇一四年九月

著者

目次

第三章　真の愛で長子権復帰

第四章　夫を伝道する

第五章　良き妻となる

第一章　理想の夫婦とは

㈠ 夫伝道のできる時代

創造本然の世界における夫婦の在り方、本然の夫婦の姿とは、どのようなものでしょうか。神様が願われた夫婦はこのような姿であるということがはっきりと分かれば、現実の自分たち夫婦は、どこに問題があるかが分かります。そのギャップを埋めていくことが、私たちが日々の生活の中で取り組んでいくべきことであり、責任分担なのです。

天一国主人としての自覚

「新しい天国理念時代が訪れてくるので、国家形態は、皆さんの体と家庭の上に建てることができる時代です。新しい時代が来たので、徹底的に整備し、天の創造理想的目的を完成するにおいて不足のない天国の王子、王女となり、神様と共に暮らしながら勝利の基盤を相続し、地上・天上において万年太平聖代、一つの国、一つの文化、一つの世界、一つの兄弟を拡大した家庭圏に身もだえしながら帰らなければなりません。これが統一教会の行くべき全体目的だということをはっきりと知らなければなりません。分かりますか」（二〇〇三年五月二日、「創造の主人」）

今は、先天時代が終わって、後天時代に入りました。真のお父様は、「天宙平和統一国」（天一国）を発表されました。

天宙とは「二人が一つになって住む家」という意味です。天国理想は、一人では現れることができません。

二〇〇三年、真の父母様はすべての祝福家庭に「天一国主人」という名称をお許しになりました。私たちは、「天一国主人」としての自覚を持ち、「天一国主人」らしい生活をしていかなければなりません。

理想家庭をつくることによって、神様が願われ、真の父母様が願われる理想世界、平和王国を建設することができます。統一運動のモットーは、「理想家庭による理想世界実現」なのです。

すべての出発は、私たちの家庭が理想の家庭になるところにあります。理想家庭の中心は夫婦ですから、私たちはまず、理想の夫婦にならなければいけません。そこに最大のみ旨があるのです。平和王国は、理想家庭建設から始まるのです。

平和王国を成し遂げるという理想を実現するためには、まず私の家庭が神様に相対する家庭とならなければなりません。神様の喜びの対象である「天一国主人の家庭」になることが重要な課題なのです。

「夫伝道は、私の責任である」と受け止め、天の知恵を使いながら夫伝道をやり遂げてください。かつてヤコブは、双子の兄エサウを屈伏させるために、天の知恵を使いました。天の知恵を使えば、必ず勝利の道が見えてきます。

二〇〇四年五月五日に宣布された「双合十勝日」は、これまで二つに分裂してしまったすべてのものが完全に一つになっていくという意味があります。心と体、夫と妻、親と子が一つになるのです。ですから、夫伝道ができる時代を迎えたのです。

建設の時代が到来

人間は成長期間を通過しながら責任分担を全うして、完成圏に入っていくべきでしたが、長成期完成級でアダムとエバが堕落してしまいました。その結果、真の愛と真の生命、真の血統を失いました。真の子女、真の夫婦を失い、万物世界のすべてをサタンに支配されてしまいました。

神様は亡国の王となり、悲しみに暮れた六千年の人類歴史が続きました。堕落によって成長期間もサタンに奪われました。頑張ろうとすると、サタンが誘惑し、堕落させて引っ張っていくのです。それが今日までの人類歴史でした。神様は、それに直接、干渉することができず、見守っているしかなかったのです。

神様は、復帰摂理の末に真のお父様を見いだされました。真の父母が立たれることにより、堕落圏を突破して完成圏に上がっていくという、希望の光が差してきたのです。

お父様が人間の堕落によって失ったすべてのものを取り戻す摂理を勝利されたので、私たちも努力していけば、失ったものを取り戻すことが可能になりました。真の父母様が勝利基準を立てられたので、私たちが責任分担さえ果たせば、すべてのものが復帰されていくのです。夫も子供も、みなそこに入っています。

それまでは蕩滅時代であったので、苦しい歩みの時代でした。蕩滅だから、苦しくても、嫌でも、したくなくても、家庭を犠牲にしても、進んでいかなければならない道でした。

しかし、後天時代は、「創造本然の神の祖国と平和王国」を具体的に建設していく時代です。後天時代は、創造本然の世界に切り替わっていく時代です。

二千年前、イエス様は「新しいぶどう酒は新しい皮袋に入れるべきである」と語られました。今日、お父様は、「新しい時代が来たということを、あなた方は自覚しなければなりません」、「古い衣を脱ぎ捨てて、新しい衣に着替えなさい」と語られているのです。

古いものと新しいものを分け、頭の中もきれいにクリーニングするのです。「つらい」、「苦しい」、「嫌だ」、「どうしよう」という、先天時代の蕩滅を中心とした内容を一掃しなければ、希望的な後天時代の出発をなすことはできません。

時代は変わりました。蕩滅という穴埋めの時代から建設の時代へと時が変わりました。そのことを、はっきりと自覚しなければなりません。信じない人には、霊界も協助することはできないのです。

蕩滅時代は、穴を埋める時代ですから、なかなか成果が見えてこなかったのです。しかし今は穴を埋めることができたので、苦労しても努力した分だけ成果が目に見える形で現れてきます。そこが最も違う点です。私たちの最大の希望は、家庭の理想が実現されるところから始まっていくのです。夫や家庭に投入することで、目に見える形で実っていくのです。「為せば成る、為さねば成らぬ、何事も。成らぬは、人の為さぬなりけり」と言います。できないのは、やっていないからです。今はできる時代なのです。

(二) 理想の夫婦を目指す

後天時代における最大の内的目標は、四大心情圏の生活化です。私の家庭を中心として、四大心情圏をいかに生活化するか、ということを目指していかなければなりません。

四大心情圏とは、真の父母の愛、真の夫婦の愛、真の兄弟姉妹の愛、真の子女の愛の四つの愛です。全部に「真の」がついています。後天時代のメーンテーマである〝四大心情圏の完成〟の中に、夫の問題や子供の問題の解決の道も見いだすことができます。

その観点から、夫に対する妻の責任の在り方を考えてみましょう。

真の父母様は調和と統一の実体

神様は、アダムとエバを創造される前に宇宙を創造されました。宇宙創造の原理原則が「相対性」の原理でした。存在するものは、必ず主体と対象から成っています。性相と形状、陽性と陰性という二性性相によって成り立っているのです。

「統一原理」は、二性性相の世界を教えています。創造原理の第一節に、「存在しているものは、いかなるものであっても、それ自体の内においてばかりでなく、他の存在との間にも、陽性と陰性の二性性相の相対的関係を結ぶことによって、初めて存在するようになるのである」(『原理講論』42ページ)と説明されています。この二性性相の原理は「調和と統一」を謳《うた》っています。

それに対して、サタンが生み出したものは唯物弁証法です。「すべてのものは分裂と闘争、対立によって発展していく」という論理で、すべての関係を怨讐関係にしていこうとするのがサタンの戦略です。神様がつくられた原理はその全く反対で、調和と統一なのです。その代表として現れたのが、男と女、夫と妻なのです。ですから、私たちが最も意識しなければならないのが、調和した夫婦像です。調和した夫婦の姿は実に美しいのです。

例えば、老夫婦が手をつないで公園を散歩している姿を見ると、美しいと思いませんか。思わずにっこりしたことがあるでしょう。真の父母様はその頂点に立っておられるので、父母様のお姿に美の極致を見ることができます。お父様とお母様のような夫婦になりたいというのが、私たちの心からの願いではないでしょうか。

私は、お父様とお母様のような夫婦に憧れ、その雰囲気を味わってみたいと思って、お父様とお母様が向き合って手を握り、見つめ合うお写真をまねたことがあります。妻の手を取り、見つめるのですが、思わず吹き出してしまいそうになりました。形だけまねても、お父様、お母様のようにはいかないのです。

真の父母様は内的にも外的にも調和し、統一されていらっしゃいます。お二人が並んで歩かれるとき、何かの合図をしたわけでもないのに、お父様の手とお母様の手が同じタイミングで伸びていくのです。実に自然で美しいのです。

お父様とお母様は意思の疎通ができているし、心情一体となっておられるので、行動においても統一されているのです。父母様自ら調和、統一を実践なさっており、まさにその実体となっておられます。

アベルとしての位置を自覚

調和をなすには心情が必要です。陽性、陰性という二性性相は、愛を中心としなければ、一つになることができないようになっています。調和と統一は、愛を中心として初めて可能だというのです。夫婦の関係も、愛がなければ一つになることはできないのです。

それでは、その愛はどんな愛でもよいのでしょうか。もしそうならば、すべて夫婦はみな最高の夫婦になっているはずです。しかし、そうではありません。愛は愛でも、真の愛が必要だというのです。

私たちの夫婦生活は、どのようでなければならないのでしょうか。心情的生活を大切にしなければなりません。神様、真の父母様が〝愛の衝動〟の中で生きておられるように、愛したくてたまらないという衝動感が私たちにも必要です。

心情が発露となっていれば、その心情が対象に注がれ愛として表れるのです。夫に向かう心情の流れが少しでも悪くなってくると、お互いの中に「愛」の現象が表れなくなってきます。互いが疎遠になっていく原因が、そこにあるのです。

夫に対する心情の流れが悪くなっているならば、互いの情的関係を改善するために努力していきましょう。それは、まず相手に関心を持つことから始めなければなりません。そして母親が息子を愛するような、娘が父親を慕うような、姉が弟を愛するような心情で対すればよいのです。よくぶつかる夫婦は、相手を直線的に見てぶつかってしまい、ぶつかると、もう回避できないのです。平面的な夫婦も同じです。横には避けられても、すぐに限界になってしまうのです。平面的な夫婦愛を立体的にすれば、道が開けてくるのです。まさに四大心情圏の世界なのです。

気をつけなければならないのは、自分でも気がつかないうちに夫に要求してしまうことがあることです。神様もよく分からないご主人に、「男性のあなたが主体でしょう。真の愛で私を愛してください。愛してくれたら、あなたを愛します」と言ってはいけません。

復帰摂理から見たら、皆さんはアベルでしょうか、カインでしょうか。どちらの位置にいるのでしょうか。それをまず自覚していきましょう。

神様は、カインではなく、アベルを通じて役事なさいます。神様は、復帰摂理を始めるために、神様が相対できる位置としてアベルをお立てになったのです。

皆さんがご主人に嫁いできたのは、単なる偶然ではありません。「この家庭において、私はどんな使命と責任を持っているのか」と、考えなければなりません。

お嫁さんがその家に入ることによって、家運が傾いたり、上昇したりします。家運が上がれば、「いい嫁をもらった」と皆が喜び、下がったら、「悪妻をもらった」と悲しむのです。

皆さんはアベルの立場なのです。神様がその家庭を復帰しようとするとき、アベルを立てて摂理されます。ですから「私は神様がこの家庭、一族を復帰する役事をされるために立てられた中心人物、アベルだ」と考えるべきです。

アベルは不平不満を言うことはできません。不平不満はカインの言うことです。夫が不平不満を言うのは、私をアベルらしくするためなのだと考えたらよいのです。

大切なことは、アベルとしての責任は何かということを、原理的に整理しておくことです。

それができていなければ、ご主人への対し方が分かりません。自分なりの考えで人間的に一生懸命やっても結果は現れません。女性は感情的に流されやすい傾向があるのです。復帰原理の原則に従っていかなければなりません。アベルの責任はカインを愛することです。よく奉仕するのです。

妻よりも心霊的に幼く、み言や神様が分からない、真の父母様の価値が分からないご主人は、カイン圏に属しています。そのご主人に「こうすべきだ」と要求することはできません。夫の前にアベルとしての責任を果たせるよう、取り組むことが大事です。

真の父母様との関係を生命視

私たちは復帰摂理を歩んでいます。家庭的摂理として、神様が私を中心に立ててなさろうとするその役事を効果的にするために、アベルとしての責任をどう果たしていくべきか、考えなければいけない時に来ています。

アベルとして責任を持っていく「主人意識」が必要です。いかに、ご主人に対して真の愛を見せて、与えて、感動させて喜ばせることができるかということです。

では、真の愛とはどのような愛でしょうか。その香りは？　味は？　それがよく分からないので、いくら「真の愛で愛しなさい」と言われても難しいのではないでしょうか。

私たちが愛の主体になるためには、まず真の愛を持っている主体の前に対象の位置に立ち、その真の愛を受けてみることが必要です。

それでは、真の愛はどこにあるのでしょうか。神様が真の愛の主体であり、源泉です。そして、実体としては真の父母様の愛の中にあるのです。

教会に導かれた私たちは、真の父母様と因縁を持ち、父母様から真の愛をふんだんに受けています。

個人としての信仰生活におけるさまざまな体験、あるいは訓練は、真の愛を受けるためなのです。感謝して受けて体恤《たいじゅつ》した真の愛が、やがて夫と妻を一つにしてくれるのです。

真の愛は、自分よりも相手を大切にすることです。自分を犠牲にしてでも、相手のことを思い、相手のために投入する愛のことです。真の愛は心地良いものです。ずっとその愛に抱かれていたいと思うものです。だれでも真の愛に触れたとき、「この感覚を一生下さい。この感覚さえあれば、私は生きていけます」と祈ることでしょう。

そのような真の愛を投入されたら、ご主人は悪い気持ちになるでしょうか。不平不満が出てくるでしょうか。真の愛に陶酔して、何も言えなくなるでしょう。反対する道理がないのです。

だからこそ、私自身の天に対する縦的な関係を生命視しようというのです。夫婦の関係を問う前に、まず「神様と私」、「真の父母と私」の縦的な関係を見つめ直していく必要があるのです。真の愛を相続し、一人の対象を得ることによって自分が愛の主体となり、父母様が愛してくださったように、対象に真の愛を投入していけばよいのだという結論になるのです。

私たちが真の父母様の生涯路程を学ぶ理由は、真の父母様の愛や生き方を知り、相続して、自分がその道を実践していくためなのです。

〝愛し難い夫を、どう愛すればいいのか〟と悩んでいる人がいるとすれば、「真のお母様は、人類の真の母として、どのように苦しい闘いを越え、どのように怨讐を愛していかれたのでしょうか」と尋ね求めながら、愛していくのです。お母様が歩まれた道を学ぶことで、私たちがたどっていくべき道が開かれていくことでしょう。

私たちが、良き夫婦、良き家庭を築き上げていくためには、〝ものの見方、考え方〟がとても重要です。それが変わらないと、何年信仰生活をしても、何年夫婦生活をしても、何も変わらないでしょう。

自分を中心とした見つめ方、考え方を一度やめて、全体を見つめ、天の事情、夫の事情から出発することができたならば、私を取り巻く環境や人間関係は大きく変わっていくはずです。ちょっとした切り替えが大きく道を開いてくれることもあるのです。

私たちに必要なのは、まさしく「父母の心情、僕《しもべ》の体」なのです。

夫のための最初の責任は、まず私が真の父母様との関係を生命視することなのです。

原点に返る

神様はこの宇宙をペア・システムとして創造されました。その観点から考えてみると、一人の男性が生まれたとき、その相対圏として一人の女性が生まれるようになっています。お互いはペアとして創造されるのです。

やがて二人は運命的な出会いをなして夫婦となり、家庭的四位基台を目指していくようになるのです。

一般社会でも「運命の赤い糸」と言います。「あなた以外に、私が最高に幸せになることは考えられない。私が最高に幸せになるために、神様があなたを準備してくださったのだから。あなたに出会えてよかった。ありがとう。私のために生まれてきてくれて、ありがとう」とお互いに言えなければなりません。

関心を持って見てください。夫は私に合わせてつくられており、私は夫に合わせてつくられているのです。きっとそれが分かるでしょう。「私は夫によって生かされている」と実感したときから、真の夫婦関係が出発していくのです。

お互いに欠点も堕落性もありますが、今のご主人以上に幸せな夫婦生活をなせる男性はいません。「理想の夫がほかにいたのではないかしら?」と思うことがあるかもしれませんが、それは間違いなのです。ご主人は、神様が唯一の相対として創造してくださった方なのです。そのように考えなさいというのです。

少々駄々をこねても、気難しくてもいいではありませんか。すべてを包み込んでくれる愛の力があれば、何の問題もないのです。

皆さんの本心は、ご主人の欠点が皆さんを訓練してくれることを知っています。「主人の欠点は、私を最高の妻にするための神様の戦略だ。神様は私のことをよくご存じだから」と思えるようにならなければなりません。

そこに気がつくと、ご主人の欠点がむしろおもしろくなってきます。刺激的です。相手の欠点、短所が見えてくるほど、私の信仰を成長させてくれるものだと考えれば、何でもないのです。

アベル・カインの蕩減復帰の原則は、そうなのです。自分に都合のいい人ではなく、嫌な人や苦手な人、自分の好きなタイプではない人が周りに集まっているのです。そのようなカインがいなければ、アベルとして成長することはできません。それが神様の訓練なのです。

苦手な人がたくさんいるとしたら、「神様はこんなに私を愛してくださっているのか。感謝だなあ」と考えるのです。そうすると力が出てきます。それに勝利した分、カイン圏がなくなってくるので、私の中に天国が生まれてくるのです。

㈢ 良く授け良く受ける

あきらめない

皆さんのご主人は、怨讐ではありません。愛して結婚した人です。心のしこりをほぐして、もう一度、初心に戻って、真の愛を投入し、本来の関係につくり直していけば、本然の夫婦関係の道が開かれていくでしょう。

遠回りになっても、あきらめないで信念を持って投入し続けるならば、たとえ何年かかったとしても、必ず結果が出てきます。

いちばんよくないのが、あきらめて途中でやめてしまったり、妥協したり、方向を変えてしまうことです。最初と最後が同じで一貫しているのが信仰です。それを見て、初めて神様は取ることができるのです。

夫伝道に向かうとき、「必ず最高の夫にしよう」と決意して出発するのです。

ある婦人が、ご主人と共に私の講座に参加しました。彼女は共に参加できたことを喜びつつも、「夫は、み言《ことば》が難しくて分からなかったかもしれない」と不安な感想でしたが、ご主人の感想には、「理路整然と整理されていて、とても胸に迫ってくる講義でした。機会があれば、また聞きたい」とありました。ご主人の感想は、奥さんが心配したこととは全く異なっていました。

男性は、理性的に納得したら、やるべきことを実行するようになります。一方、女性は感覚的なところがあり、感情的に上がり下がりが激しい性質があります。そんな夫と妻が調和して一つになったら、バランスが取れるので、夫婦共に頑張ることができるのです。二人が調和して一体となったら、最高の運勢が生まれてきます。それが私たちの目指す夫婦像です。互いに同じものを持ち合わせている夫婦だから〝理想夫婦〟だとは、必ずしもならないのです。

今すぐにはできなかったとしても、一年後、二年後、三年後に結果を出すことができれば、今までの苦労はすべて報われます。心配を先立たせずに、必ずできると信じて取り組みましょう。

「信仰とは望んでいることがらを確信し、まだ見ていない事実を確認することである」（ヘブル人への手紙11章1節）

ありがたく貴い対象

宇宙の根源は神様です。神様は愛の理想を持って宇宙を創造されました。そして、神様の愛を地上に表現して定着させるために、神様は男性と女性を愛の対象として創造されたのです。

神様は、アダムを喜びを得るための愛の子女としてつくられました。神様は実体を持たないので、アダムという実体を通して現れようとされたのです。アダムは神様の体としてつくられたので、完成したアダムは神様の実体です。これが真の男性の価値です。

では、エバが創造された目的は何でしょうか。アダムがどんなに立派でも、相対圏がなければ、その愛の理想を展開、拡大することはできません。相対圏が必要です。エバはその代表としてつくられました。ですからエバは、神様の創造理想の中において、絶対になくてはならない存在でした。そこに女性の価値があります。

「男性と女性のペアとしてつくられたのは、ために生きるためだ」と、真のお父様は語られています。男女というペアによって初めて愛の作用が生まれるのです。

永遠の愛の理想実現のために、男性は女性のために、女性は男性のために生まれてきました。人は愛するために生きています。「ために生きる人」とは、相手のために自分を一〇〇パーセント捧げることのできる人を言うのです。愛の対象がいるということは、どれほど貴く、ありがたいことでしょうか。そのように考えると、目の前のご主人がハンサムに見えてくるのではないでしょうか。

神様にとって、皆さんのだれもがかわいい美人の娘です。神様は愛という眼鏡を掛けて皆さんをご覧になります。愛というフィルターを通して見ると、本質的に持っている美しさが見えるのです。これが愛のなせる業なのです。

皆さんの中に愛が充満して、愛の眼鏡を通してご主人を見たら、世界一ハンサムで素晴らしい旦那様として慕わしく見えるはずです。

皆さんが生まれてきたのは、ご主人のためです。これは間違いのない事実です。そのことをまず自覚しましょう。「私はこの人のために生まれてきた。この夫を幸せにできる女性は私しかいない。だから、この人と縁を持って夫婦になったのだ」と。

女性の皆さんには夫を最高に幸せにしてあげる責任があります。ご主人が妻に求めているのは、激しさや厳しさではなく、優しさであり愛なのです。だれでも愛を受けたいのです。愛されて喜びたいのです。そうすれば力が出てくるのです。

いろいろ口にしたとしても、その根底には妻の愛をたっぷりと受けたいという思いがあります。男性は社会で受けるストレスも大きいのです。その思いが満たされない分ストレスが溜《た》まり、会社に行ってさらに増幅し、皆さんの前では苦虫を噛《か》みつぶしたような顔になり、ついには爆発してしまうのです。それを見て、皆さんが腹を立てたら、どんどんエスカレートしていき、悲惨な状況に陥ってしまうのです。

夫婦生活は神様と出会う場

ご主人を喜ばせて幸せにすることができる、私しか持っていない特権とは何でしょうか。それを最大限使えばよいのです。それは優しさであり、皆さんの笑顔です。それは最大の力でもあります。皆さんが母親のような〝香り〟を持っていたら、男性は弱いのです。

私たちが知恵を使い、ご主人を研究していけば、いろいろな方法が見つかることでしょう。「男は何のために生まれたか。女のため。女は何のために生まれたの。男のためだよ」と、お父様は口癖のようにおっしゃいます。それが原理原則です。

女性の柔らかな姿形は、男性を喜ばせるため、男性のごつごつした体は女性のためにあるのです。

大母様《テモ》は、「女性は柔らかい肌をつくりなさい。心も体も柔らかく、すべてを柔らかくしなさい」と教えてくださいます。夫が休むときに、近寄っていき体に触れて心地良い感覚にしてあげるために、よく手入れしなければならないとおっしゃるのです。

夫を喜ばせる女性にならないといけません。そのような女性になって、ご主人に侍って尽くすことが必要です。

また、夫婦生活というものは、本来、義務的なものではありません。互いが相手から恩恵を感じ合い、相対を通じて神様が訪ねてきてくださっているという感動と実感の中で、夫婦生活はなされるべきです。

夫婦生活は神様と出会う場です。神様が夫、妻を通じて訪ねてきておられるという実感を持つことができる、そういう感動的な夫婦生活をなしていくことが重要です。

夫がいて妻がいて初めて、神様に出会うことができるのです。一人ではどんなに頑張ってみても限界があるのです。

夫婦生活のさまざまな内容をもっと感動的に改善していかないと、天の法に触れてしまうことになります。この地上において、最高の夫婦愛の理想の形を築かないと、霊界で合格点をもらうことはできないと言われます。

夫なしに、妻なしには、神様に出会うことができないのです。それほどに、家庭生活、夫婦生活は重要なことなのです。夫にどれほど愛される私になっているかということです。

授受作用するには努力が必要

真のお父様の哲学は、「四位基台哲学」だと言われます。四位基台の中心は神様であり、神様を中心として、神様の陽性と陰性が実体的に展開されたのが、男性と女性です。男性と女性が愛を中心として一体となれば、愛の結実として子女が生まれてきます。これが四位基台の構造です。

夫伝道がうまくいかない家庭の場合、いちばん多いのが、夫婦の授受作用がうまくいかないことです。会話がうまくできない、心情的な授受ができないのです。関係性をどう持つかということが問題です。

ある俳優が、夫婦仲が良い秘訣を尋ねられて、「二人とも仕事をしているのですが、どんなに遅く帰ったとしても、最低一時間は夫婦で会話をしています。その日にあったこと、相談しなければいけないことを話すのです」と話していました。一般の夫婦も努力しています。努力なしにより良いものは得られません。どんなに大変でも努力し続けることが大事です。

何年も一緒に生活して分かり合っているから手を抜いてもいい、妥協してもいい、やめてもいい、これらはみな、堕落性です。それではより良い夫婦になる道が塞がれてしまいます。『原理講論』には「あらゆる存在をつくっている主体と対象とが、万有原力により、相対基準を造成して、良く授け良く受ければ……」（50ページ）とあります。

では、授受作用をどのようにするのでしょうか。

授受作用は、まず神様を中心として相対基準を造成することから始まるのです。相対基準が合わなければ、授受することはできません。例えば、翌日の釣りを楽しみにしているご主人に、「あした買い物に行きましょう」と誘っても、会話は弾みません。まず、ご主人の好きなことに関心を持って研究しましょう。それが自分の嫌いなことでも、ご主人と一つになるためには合わせていくことも必要なのです。

釣りの好きなご主人を伝道したいというある婦人に、そのようにアドバイスしました。その結果は、「やってもダメでした」というのです。どのように話したのかと聞きました。

「あしたも釣りに行くのですか」

「行くよ。楽しみにしていたんだから」

「じゃあ、あしたは私もついて行ってあげるわ」

「ばか、おまえなんか足手まといだ。来るな！」

どこが問題であるのか分かりますね。ところが残念なことに、本人は分かっていないのです。授受のし方が良くないのです。

「一緒に行こう」と答えてもらうためには、どのような言い方をしたらよいのでしょうか。上からではなく、「私も連れていってくださいませんか？」とお願いすればよいのです。そうすれば、「仕方ないな」と言いながら許可が出るのです。下からお願いするのです。

「その対象が主体に対応して相対基準を造成すれば、その対象は主体を中心としてお互いに授ける力（遠心力）と、受ける力（求心力）とを交換しあって授受作用をするようになる」（『原理講論』55ページ）

このみ言から分かるように、対象の位置にある妻が、主体である夫に合わせていけば、授受作用ができるようになるのです。

私よりも神様から遠い位置にいる夫を、私のところまで引き上げなければならないのです。それが伝道です。愛し育てるのです。

最初は僕《しもべ》の立場で、侍って仕えるのです。そして夫を育てて引き上げれば、授受作用ができるようになります。

良く授け、良く受ける

ここで、「良く授け、良く受ける」ということについて考えてみましょう。問題は、この「良く」ということです。この意味が分からなければ、授受作用はできません。

相手のことをただ思うことが「良く授ける」ことでしょうか。相手のために良かれと思ってしたことでも、相手が反発することもあります。そこに微妙な心のずれが生じ、それが繰り返されるうちに、夫婦間に溝が生じるのです。

四位基台哲学から見ると、「神様を中心として」とは、「神様の願いや目的、心情を中心として」ということですから、「良く授け、良く受ける」ときには、必ず神様を中心にしなければなりません。

神様がその夫婦、夫に願っていることを、夫が神様に代わって、神様の願いにかなうように妻を愛して授けるとき、「良く授ける」という言葉が出てきます。夫がそのような立場で私を愛してくれていることを、妻が信じて受けることを「良く受ける」と言います。

信じて受けるから、そこに喜びが生まれます。喜びは力を引き出すので、プラスアルファして返したいという力になるのです。こうしてさらに授受が加わる……。そうなれば発展的夫婦、発展的家庭です。授受作用すればするほど、無限に発展していくのです。

最高の夫婦になっていくのは、四位基台の中でいかにより良い授受作用をなしていくかにかかっています。そのことをよく理解したうえで授受しなければなりません。

ご主人から愛を受けたら、「うれしいわ、あなた」と喜びを表現しているでしょうか。日本は、女性は慎ましく静かにしているのが美徳とされる文化圏ですから、西洋人のようにオーバーに表現するのは苦手です。しかし、お父様は「愛は具体的だ」とおっしゃいます。率直に表現しましょう。

愛を表現するのに一役買ってくれるのが万物です。「愛しています」という言葉だけでなく、一輪のバラの花を添えて伝えるほうが、愛はより伝わるのです。万物を媒介にして、自分の愛を表現していくのです。

神様は、愛を表すための方法、手段として、人間に万物を与えてくださいました。万物を

用いて愛を表現すればより効果的です。万物も愛を表現するために使われることによって生かされるのです。

(四) 豊かな夫婦関係を築く

夫のタイプを研究する

妻の立場について真のお父様は、「お母さんみたいに、立派な母の心情で抱擁してあげて、その基台の上で、奥さんとして夫婦生活をすれば、それ以上の幸福はないのです。お母さんみたいな妻と夫婦生活をする以上のものはないのです。お母さんと妻とを併せたような奥さんになることです。それが旦那さんの願うところです」（一九九三年十二月二十一日、済州国際研修院）と語られます。

真のお母様をご覧になってください。女性として、母として最高の素晴らしさを併せ持っていらっしゃるお方です。お母様が素晴らしいということは、お父様が素晴らしいということです。そのような評価を互いに与え合える夫婦になるのが、私たちの目指すところです。お父様は「立派なお母様だろう。このように立派なお母様にしたのは、先生だよ」と誇らしげにおっしゃるのです。

夫伝道が難しい方の場合、その理由はどこにあるのでしょうか。夫は妻から感情的で厳しい言葉を聞くよりも、優しい言葉を聞くほうを好みます。信頼されること、賛美されること、尊敬のまなざしで見つめられること、侍られることを求めるのです。

女性の皆さんは、どのような態度でご主人に接しているでしょうか。知らないうちにご主人を傷つけ、不快にさせ、いろいろと反対するような行動に走らせている場合があるものです。そのうえ自分の非に気づかず、みな夫のせいにしてしまい、結局、夫婦関係は良くならないという悪循環を続けていることがあるのです。

そこに気がついて、自分を振り返って一つ一つ改善していけば、ご主人は喜んでくれるようになるでしょう。

実際に、ちょっとしたことですが、言葉遣いや態度を改めただけで、ご主人がとても喜んで変わってきたという証しや報告を数多く聞きます。小さな心遣いが大きく実っていくということです。

「いちいち、そんなことをしなければならないのですか」と言われる方がいますが、夫伝道の取り組みは、実は、私自身が〝理想の妻〟に帰っていくための重要な取り組みでもあることを忘れないでいただきたいのです。

皆さんは、ご主人のタイプをご存じですか？　どういうときにどういう言葉を掛けたら、ご主人がどういう反応を示すか、いろいろ試してみてください。

例えば、ご主人がお風呂に入っているとき、「あなた、背中流しましょうか」と言いながら入ってみます。そこでご主人が、照れながら流してもらうのか、嫌がるのか、ドアに鍵を掛けて奥さんを閉め出すのか、いろいろな反応が出てくるでしょう。

また、ご主人は玄関で出迎えられたいと思っているのです。ところが、帰ってきても、テレビを見ている、あるいは携帯電話で話し込んでいる妻の姿を見たら、自分が大事に思われていないのだと感じてしまうのです。

ご主人のタイプが分かれば、ご主人の要望に合わせて、尽くしてあげることができます。人にはみな、それぞれの〝タイプ〟があるのです。

伝道対象者を生かすために、皆さんは、対象者のいちばんのニードを把握し、それに応えるためにどうするのか研究するのに、ご主人のためには何もしないというのは、とてもおかしなことなのです。

神様と真の父母様に侍る基準で

「本来、神の本性相と本形状は、各々本陽性と本陰性の相対的関係をもって現象化するので、神の本陽性と本陰性は各々本性相と本形状の属性である。それゆえ、陽性と陰性とは、各々性相と形状の関係と同一なる関係をもっている」(『原理講論』46ページ)

ここに夫婦関係を改善するポイントが示されています。神様と私は、性相と形状という性形の縦的関係にあります。「私は神様によって生かされている」という信仰によって、神様を愛し、尊敬し、神様に侍っていくという信仰生活が確立されてくるのです。その自覚がなければ、神様を愛し、尊敬し、侍るという信仰心は生まれてきません。

夫と妻との関係は、神様と私のこの縦的関係を横的に展開したものです。夫婦の関係は、神様と私という縦的関係の横的展開ということになります。

神様と真の父母様を尊敬し、愛し、侍る信仰生活ができるならば、夫との間にも、それと同じ関係を横的に展開できなければいけません。

「私は夫によって生かされている」ということが自覚できたときに、本来の夫婦関係が成り立つのです。要は、神様を愛するように、真の父母様に侍るように、夫を愛し、侍ることです。

私たちが信仰生活を歩むとき、一つ一つの言動の動機と心情がどこにあるかということはとても大切なことです。

例えば、食事を作るにしても、ここに真の父母様がいらっしゃるとすれば、「父母様にお食事をお出しするのだ」という動機と基準で真心を込めて作るでしょう。それと同じ基準で、だれのためにも父母様にお出しする心情で食事を作ったならば、きっと真心のこもった食事になるでしょう。

皆さんも、ご主人にお茶を出すとき、「真のお父様にお出しする」という心情で、ご主人にお茶を出してみるのです。父母様に食べていただく心情で、ご主人のために食事を用意したならば、きっといつもと違う食事になることでしょう。

夫を「お父様だ」と思って侍ったならば、お父様に侍ったことにもなるのです。そのようにしたら、ご主人は気持ちが良いでしょうか、悪いでしょうか。

夫を変えようと思ったら、一つのことに真心込めて、精誠を尽くしていくことです。相手にも良心がありますので、真心は必ず通じるようになっているのです。

その基準を変えないでよく侍っていけば、ご主人の良心は、次第に負債を感じ、呵責を覚えるようになり、やがて「もういいよ。おまえには負けたよ」となるのです。

家事は愛を表現する特権

夫婦でどちらがたくさん尽くしたのか、どちらが先に相手に負債を持たせるくらいに尽くせたのか、どちらが相手を満足させるような尽くし方をすることができたのか、善の競争です。

それを考えると、女性というのは、神様から最大の特権を頂いていると思うのです。炊事、洗濯、掃除、子育てなど、みな大変な仕事ですが、「女だからといって、なぜ私ばかりがしなければいけないの」と不平に思わないでください。

あるとき、ご主人たちに、「なぜ奥様に反対しますか？」と聞いたことがあります。いちばん多かった答えが、「家が汚い」ということでした。

そのことについて婦人たちに理由を聞いたところ、「教会の活動が忙しいので、余裕がありません。掃除をしている暇がありません」と言うのです。それで、ご主人は「教会活動が忙しくて家の掃除もできないようなら、教会をやめてしまえ！」となるわけです。

「忙しいから掃除ができない」というのは、夫伝道に向かう婦人には言い訳でしかありません。ご主人にとっては、教会で何かをやっているということは評価外のことなのです。「私」が理解してほしいと願うことと、夫の要求してくることにズレがあるのです。

しかし、皆さんはそれも評価してほしいと願うのです。「こんなにもやっているのに、評価してもらえない」と思うところに、皆さんのつらさがあるのです。だから、神様は女性の皆さんに普通の主婦でなく、〝スーパー主婦〟になれとおっしゃるのです。

「料理、掃除、家の管理などは、夫と子供たちを生み変えていくために、天から与えられた特権だ。神様は私に最高のものを与えてくださっている。この家をどう生かすかは、私にかかっている。ここが私の腕の見せどころだ」と、意気に感じていく奥様になってください。

料理をする時も、「私はこの万物を通して、夫の心を感動させ、最高の喜びを与えていこう。私の愛を表現するために、この台所に立つことが許されている」と考えたら、どれだけありがたいことでしょうか。

「おいしいものを食べてもらいたい、夫が喜ぶもの、夫に元気が出るものを食べさせてあげたい」という愛の動機から料理をしたら、見ただけでも「おっ、きょうのご飯はおいしそうだな」となります。

心からそうすれば、相手に伝わらないはずがありません。そして人は、おいしいものを食べたら心が開放されるのです。心情のこもったものは、人を感動させる力があるのです。

私たちは心情的存在ですので、心情の波動を感じながら生活しないと喜びがなくなってきます。生活の中から心情を抜いてしまったら、どこに喜びがあるでしょうか。生きがいが出てくるでしょうか。

夫婦も同じです。心情を抜きにして、夫婦生活はあり得ません。うれしくて、楽しくて、愛《いと》おしくて、慕わしい、それで初めて夫婦生活が成り立つのです。

男は神の栄光、女は男の光栄

「コリント人への第一の手紙」に、「男は、神のかたちであり、栄光で……女は、また男の光栄である」という聖句があります。男は栄えて光を放ち、女はその光を受けて栄えるというのです。これが、夫と妻の関係です。

男性が太陽、女性は月です。夫は発光体であり、妻は反射体です。妻がどんなに優秀であったとしても、夫が栄えて光を放ってくれないと、妻は輝くことができないのです。

女性が輝くためには、主体である夫を栄光の夫に育てていくのです。賢明な女性とは、自分の夫を最高の夫にする人です。

夫をけなす女性は、天に向かって唾を吐くようなものです。それはやがて、自分の顔に落ちてきます。お父様がおっしゃいました。「夫を育てるのは妻の責任であり、妻を最高の妻にする責任は夫が持っている」と。

妻が夫を最高の夫に育て上げることができれば、妻は最高の妻として栄えることができるのです。

神様は相対を通して見えてくる

神様は「原理の神」であり、「創造の神」であり、「心情の神」です。「真の愛を通して喜びを得たい」というのが心情の性質です。心情とは対象を喜ばせ、惜しみなく与えていこうとする情的な衝動です。それが神様の創造の原動力でもあります。

真のお母様は、「真の愛とは、与えて与えて、与え尽くして忘れていく愛のことを言います」とおっしゃいました。完全投入して、忘れていくということです。

神様がアダムとエバを創造するとき、ご自分を消耗され、完全投入して創造されたのです。一〇〇パーセント、あるいはそれ以上、投入していかれたのです。

投入すればするほど、相手に価値が賦与されます。それが心情の世界、愛の世界です。そのことを知って、寸暇を惜しんで投入していかなければなりません。相手に投入していけば、その対象との間に、愛と喜びの関係が生まれてきます。

ご主人との間に心情の絆が結べないと感じていらっしゃる方は、もう一度、自分がどれだけご主人に投入してきたか、見つめ直してみてください。投入するという努力なしには、相手に価値を賦与することはできません。

夫を尊敬することができず、逆に欠点ばかりが目について批判したくなるのは、投入を忘れて努力を怠った結果、そうなったということです。

夫が伝道され、夫婦関係が改善されていけば、夫婦は互いに祈られているという実感を持つようになります。何の抵抗もなく、お互いを神様のように思い、侍り合えるようになります。そして、見えない神様が相対を通じて見えてくるようになるのです。

「天に侍ることを通して愛を知った妻は、夫の胸に頭をうずめて昼寝を楽しみたいという衝動が起こったりもします。それは、幸福に酔ってふらふらになるからなのです。結婚する前は恐ろしくて気持ち悪く見えた男性が、結婚して夫となってからは、会いたくて一日に何度も見なければ駄目なほど、心境の変化を起こすのが女性です」と、真のお父様はおっしゃいます。

夫婦生活は霊と肉が一致していく場です。夫婦は霊肉の横的関係を通して霊肉の喜びを得るように造られているのです。

夫婦生活は肉的喜びと霊的喜びが共鳴する現象が起きる場です。ですから夫婦生活は、プラトニックな愛だけで成り立つものではありません。生殖器を中心として一体となり、そこに心情と愛が加わって、霊肉が完全にスパークして一つになるところに、夫婦愛と神様の愛が占領されて、愛の喜びを知っていくのです。これが本来の夫婦生活の基準です。

「神様」と「原理」と「善霊界」が味方

夫伝道の課題は、時が満ちないと解決できない場合もあります。蕩減としての条件が満ちるまで忍耐しなければいけないこともあります。

夫伝道で大切なことは継続することです。ある婦人が夫を伝道するために四十日の期間を決めて取り組んだことがあります。そして四十日が終わった時、教会の責任者に報告しました。「四十日一生懸命やりましたが、ダメでした」と言って、四十一日目から何もしなくなったのです。四十日尽くされた夫は少し気持ちよくなったのですが、妻が元の姿に戻ってしまったのです。その婦人に「なぜ四十一日以降やめたのですか」と聞いたところ、「だって、四十日の条件ですから」ということでした。

四十日の条件だから四十一日目にはやめるというのではなく、伝道できるまで継続するのです。これが一つの大きな条件になっていきます。途中でやめてしまうと逆効果になることもあるのです。

私たちには、「神様」と「原理」と「善霊界」が味方についています。これが私たちの強みです。世の中の人が絶対に無理だと思うことでも、神様というバックボーンがあり、絶対善霊という強烈な背景があるので、成すことができる、それが私たちの信仰です。

神様と善霊界が働くことのできる条件が、原理的人間になること、原理的な生活をすることです。ですから、夫伝道も原理的に考え、原理的に取り組んでいくのです。

第二章　理想の家庭とは

㈠ 愛の成長と完成のための結婚

家庭をどのように見るか、すなわち家庭観について整理してみます。

二〇〇八年十月十日、ハワイのキング・ガーデンで真のお父様が、「神様摂理史の責任分担解放圏完成宣布教育」をしてくださいました。

そこで語られたのが、神様の摂理史における完成時代を迎えて、重要なみ言となる「絶対『性』と責任分担」についてでした。

神様が人類始祖のアダムとエバに与えられた祝福が、「三大祝福」でした。それは、絶対「性」を完成した基台の上に、完成されるのです。その三大祝福を成就することこそが、神様のみ旨でした。

それでは、三大祝福の中で最も中心的な祝福は何だったのでしょうか。

それが第二祝福の「家庭的四位基台の完成」です。家庭完成の核となる「夫婦愛の完成」こそが、信仰生活と家庭生活の最も重要なテーマだったのです。完成した理想家庭の基盤を準備してこそ、神様と真の父母様が切に願っておられる「平和理想世界」が実現可能となるのです。

神の三大祝福とは

「生めよ、ふえよ、地に満ちよ、地を従わせよ。また海の魚と、空の鳥と、地に動くすべての生き物とを治めよ」（創世記1章28節）。これが神様が私たち人間に祝福として与えてくださった内容です。

第一祝福とは、個性完成した〝実体〟となることです。神様が見たかったのは〝実体〟でした。第一祝福を全うするためには、心と体の統一が必要です。主体である心（神様のみ意と一つになろうとする心）を中心として体が一つになるのです。

人格者とは、神様の心情と一体となった人のことを言います。ですから、女性は真のお母様と喜怒哀楽を共にしなさいというのです。そうすることによって、お父様の相対に立つことができるのです。

神様は心情の方ですから、対象を愛することを通して喜びを得たいという情の衝動を持っています。対象の喜ぶ姿、幸せな姿を見ることが、神様の喜びであり、幸せなのです。「隣の家に蔵が建てば、腹が立つ」という言葉がありますが、それは本質的に間違いなのです。神様の心は、人の幸せを恨んだり、妬んだりするのではなく、対象圏の幸せを自分のこと以上に喜びとするのです。

夫や子供が幸せに暮らしていれば、純粋に「ああ、幸せだなあ」と思えるでしょう。そのような心です。近所の人が喜ぶ姿を見て「おばちゃん、良かったねえ」と共に喜ぶのです。日本の国民が幸せになることをうれしく思い、世界中の人々の幸せが私の喜びであるという心、それが神様の心の性質です。

そのような心を中心として、心と体が一つになっていくとき、神様を中心として個体的四位基台を成すのです。夫婦が陽陰の関係を成す前に、心と体の〝性・形〟の理想的な統一が必要なのです。これが第一祝福です。

第二祝福とは、善の家庭完成です。人生最大の目的は、真の夫婦愛の完成をなし、善の血統圏に子女を生み増やし、家庭的四位基台をつくることです。ここに四大心情圏、四大愛の完成という、家庭理想の大きなテーマがあります。

妻である皆さんは、まず四大心情圏（四大愛）の完成を目指していかなければなりません。一年中〝妻〟の心情だけでは、夫に心情の変化を与えることは困難です。時によって、母の心情で、姉の心情で、そして娘のような心情で、夫の心情に刺激を与えていくのです。夫はそのような刺激を求めているのです。立体的な愛の刺激を受けることによって、夫の心情が育っていくのです。

第三祝福とは、愛の人格を完成した人間が、すべての被造世界を真の愛で治め、主管していくことです。力による主管ではなく、愛と心情による主管です。

人間も万物も、力による強制的主管を受ければ反発するのです。愛の力は反発ではなく和合と統一を生みます。人間始祖が堕落してしまったことによって、人類は多くの苦しみを受ける結果になっているのです。愛を完成した人間が正しい主管をしてこそ、神様の第三祝福を完成することになります。

このように、三大祝福を完成し、神様の似姿になることによって、天国理想を完成していくことができるのです。

神様の創造理想を完成するという人生最大の目的と、結婚はどのように関わってくるのでしょうか。

統一原理は、「愛を完成するために結婚しなければならない」と説いています。愛は神様の創造理想完成の主要テーマです。生命と喜びと幸福と平和のすべての源泉は愛です。ですから愛が破壊されれば、喜びも幸福も平和もすべて破壊されてしまいます。

現代社会の崩壊は家庭の崩壊から

現代社会における大きな問題は、家庭崩壊です。これが社会的現象となり、さらに国家的、世界的現象にまで発展して、さまざまな分野の問題を引き起こしています。今日の世の中の混乱は、実はここから来ているのです。

この家庭問題を完全に解決する道があるならば、世界のあらゆる問題を解決できる道が開かれると言っても過言ではありません。家庭というのは、個人の幸、不幸を決定し、その延長線上に国や世界の平和に影響を及ぼしていくものです。

ある人が、「その国の家庭をいくつかピックアップして調べれば、その国の良し悪しが分かる」と言いました。

社会や国の乱れの原因を探っていくと、その中心に家庭崩壊という深刻な問題を見いだすのです。家庭における親子、夫婦、兄弟姉妹という人間関係が破壊され、本然の関係性を失ったのが堕落です。その失ったものを取り戻すのが復帰の道なのです。

今日の社会の姿を、世の中の人々も政治家、知識人と言われる人々もみな嘆いていますが、だれも解決する方法を見いだすことができないでいるのです。

結婚は神の理想実現の出発点

結婚して理想の夫婦になること、それが神様の愛の理想を地上に展開するための出発点です。

夫婦の問題を考える前に、結婚という問題を考えてみなければなりません。もっと厳密に言えば、結婚を考える前に、独身時代をどう歩むかを考え、整理して、正しい結婚観を持ち、正しい夫婦観を持って結婚し、家庭的四位基台をつくるべきだったのです。

しかし、そうできずに結婚した場合、蕩減しなければならない問題があるのです。夫婦で蕩減復帰し、本来の結婚をなし、本来の夫婦、本来の家庭理想を築き上げていかなければなりません。

結婚は、人間として完成するためにどうしても必要です。完全な神様に似るために、結婚しなければなりません。「結婚前は半人前、結婚して一人前になる」と言われるように、一人では半分なのです。

神様は陽性と陰性の二性性相の中和的主体ですから、人間として完全になるためには、男性は女性を迎え、また女性は男性を迎えて、陽陰が完全に和合、統一しなければならないというのです。

神様に完全に似た者になれなければ、相続権は生まれてこないのです。相続権がなければ、天国に入ることはできません。それゆえ、結婚が絶対に必要であり、家庭が必要なのです。

真の結婚により永遠に続く神の血統

文鮮明《ムンソンミョン》先生は「神様を中心として夫婦愛を結んでいくときに、神様ご自身を占領することができる」と語られています。その夫婦は神様を中心とした夫婦であり、祝福家庭の基準です。神様の真の愛を占領するために、結婚があるというのです。

そのような家庭理想を実現していくために、夫と手を携えて神様の前に行き、「神様、夫も共に参りましたので、私たちを祝福してください」と言えるような真の夫婦の基準を立てなければなりません。

そして、真の愛を中心として愛し合い、一体となれば、そこに神様が降りてこられます。細胞のすべてが神の愛に感応して、夫婦の完璧な愛の喜びを味わうのです。このような夫婦愛の完成圏を体験してこそ、霊界に行って合格点をもらうことができるのです。

愛を完全に完成するためには、結婚しなければなりません。人間始祖の堕落によって、サタンが夫婦の愛を奪ってしまいました。ですから、結婚を取り戻さなければなりません。本来の結婚、つまり祝福結婚が必要なのです。

真の結婚をし、真の夫婦の基台を組んで初めて、神様の真の愛、真の生命、真の血統を相続し、それを繁殖していくことができるのです。

私たちは神様の血統を生み増やし、残していかなければなりません。いかに夫婦愛をなしたとしても、血統圏を残さなければ、永遠性を持つことはできないのです。自分一代で滅んでしまいます。

私たちは、そのような非常に大きな理想につながる結婚観を持たなければならないというのです。

「私の家庭を見た者は、神を見たのである」

二千年前にメシヤとして来られたイエス様は、「わたしを見た者は、父(神)を見たのである」(ヨハネによる福音書第14章9節)と語られました。

本当はイエス様は相対者を得て、「私たち夫婦、私たちの家庭を見た者は、神を見たのである」と言いたかったでしょう。しかし、ユダヤ教の反対に遭って、妻をめとることも、家庭を持つこともできませんでした。これが十字架上のイエス様の最大の〝恨《ハン》〟だったのです。

神様は今日まで一つのモデル家庭を尋ね求めてこられました。そして、再臨のメシヤとして来られた真の父母様が、今日その家庭理想の勝利圏を立ててくださったのです。そして、神様の創造理想、家庭理想実現の道を開いてくださったのです。

しかし、真の父母様の家庭だけがあれば、神様の創造理想、理想世界が実現するのでしょうか。違います。私たちが、真の家庭に倣《なら》う家庭として、次に続かなければならないのです。そうすれば、神様はそれらの家庭を足場として、世界を復帰するためのあらゆる摂理を自由になすことができるのです。今日まで祝福を拡大することを通して、神様の摂理が拡大されてきたのです。そのような意味で、祝福家庭の基盤が世界中に必要なのです。

では、私たちは、「神様はどのような形で現れるのか」と聞かれたとき、どのように答えるべきでしょうか。

胸を張って「私たちの家庭に来てください。私たち夫婦を見る者は、神を見るのです」と言える夫婦になれたら、どれほど幸福でしょうか。

そして、自分たち夫婦だけではなくて、親子、兄弟姉妹が、家庭的四位基台という完全なる神様を中心とした愛の基台を組んでこそ、天国を万民の前に見せて、説得することができるようになるのです。

家庭が貴いのは、家庭が人間関係を結ぶ最初の基台だからです。私たちは命を頂き、〇〇家の息子、娘として生まれてきます。そこで父母との関係を持ち、兄弟姉妹との関係をつくり、家族としての愛の関係を結びながら、貴い人間関係を結ぶようになるのです。家族関係は、すべての人間関係の基点になるのです。

家庭は、愛の成長と完成の最も重要な場所です。この家庭を失ってしまったら、人間として成長し、完成すること、愛の人格を完成することはできないのです。当然、社会も成り立ちません。家庭が崩壊すると同時に、社会が崩壊し、すべてが崩壊していくのです。

結局、家庭こそが、個人から世界的な問題に至るまでのすべての問題を解決する鍵を握っているのです。

家庭がどんなに重要であるかということを再認識し、何としても家庭理想を実現していかなければなりません。そのような宿命的な責任が、私たち一人一人に課せられているのです。

その家庭も、夫がいてこそ初めて成立するのです。私の前に、永遠の相対として立っている主体があることを心から感謝しなければなりません。

(二) 母の愛が夫と子供を生かす

家庭の鍵を握る女性

神様の創造理想は「愛の理想」でした。神様は、愛する対象であるすべての息子、娘たちが幸せになる姿を夢見ておられたのです。

それゆえに、神様の子女である人間は幸せにならなければならない義務があるのです。そういうことを知らなければなりません。人生の目的は、まさに幸せになることであると言えます。

私たちが最高の幸せや喜びを感じるのは、家族が互いに愛に酔って生きるとき、家族が一つになるときです。夫と妻、親と子、兄と妹が一つにならなければなりません。一つになるためには、「愛」が必要です。一体化は愛によってなされるからです。

真のお父様は、「男性は女性を求め、女性は男性を求めるのはなぜか。神の愛に至るためである」と語られています。男女が互いに求め合うのは、神様の愛に至るためなのです。神様の愛に満たされ、その愛に酔いしれたいというのです。

しかし、堕落圏の中でつくられた家庭は、神様が対応することも祝福することもできない家庭になってしまったのです。

それで、神様は家庭理想を取り戻すために復帰の摂理をされました。皆さんは自分の家庭、一族、さらには嫁ぎ先の家庭、一族をも復帰する使命を持って、神様から召命されたと考えるべきです。

私たちは、神様の事情によって召命されたのであって、私の事情で来たのではないのです。「召命において、私の事情は何パーセントでしょうか」と尋ねると、「五パーセント」と多くの婦人たちは答えます。

召命において、私の五パーセントが入っていると考えると、もし自分の事情がかなえられない場合、不平不満に変わります。多くの場合、それが問題となります。正しい召命観が必要なのです。ゆえに、神様の事情を真剣に尋ね求めなければならないのです。

家庭は、女性を抜きにして考えることはできません。これまで十数年にわたり、夫婦や家庭に関するお父様の膨大なみ言や大母様《テモ》のメッセージなどを整理してきましたが、その大半が「女性の位置が重要である」という内容でした。

そのことを指摘すると、婦人たちから反発されることがあります。「男性には責任がないのですか！」と。確かに男性にも責任がありますが、復帰の鍵を握っているのは女性だということを知るべきなのです。

少なくとも、理想家庭を目指していく皆様においては、夫にいろいろと問題があったとしても、家庭を復帰する目的に立った場合、すべて私の問題だととらえていくほうが賢明だと思うのです。

聖霊としての女性の使命

天から与えられた女性の使命とは何でしょうか。「人づくり、家庭づくり」と考えることができます。どのような家庭をつくるか、また良い夫、良い息子、娘になるかどうかは女性にかかっているというのです。それほど女性の与える影響は大きいのです。そのような責任の重大さを、まず認識することが大切です。

そのような意味で、主人意識を持ちましょう。「夫の問題も私の責任、子供の問題も私の責任」と捉え、主人として責任を持つのです。

最近、世の中では、多くの子供たちの心が荒廃しています。家庭や学校での暴力、盗み、脅し、殺人などなど。子供ばかりではなく大人の心も荒廃しています。

このような問題がどこから来ているかというと、家庭なのです。家庭が問題です。安息の場であり、豊かな人間性を育むべき家庭が崩壊の危機にさらされています。

人間の性稟《せいひん》に影響を与えるのが、母親との情的関係です。子供たちに最高の情的な関係を提供するのが、母親の使命です。そのために、母親は何を準備しなければならないのでしょうか。

最高の血統は神様の血統です。神様の血統を提供するためには祝福を受ける必要があります。祝福を受け、サタンの血統が完全に根絶され、新しく神様の血統圏に接ぎ木されなければなりません。そして、神様の血統としての子供を生み育てるのです。

真の愛を中心として、神様と真の父母様、そして子供と一つになっていけば、真の愛に満ちた優秀な子供を育てることができるでしょう。

男性は、父親として子供に直接影響を与えるというよりは、妻と一体となることで、妻を通して子供に影響を与えていくほうが多いと言われます。ゆえに、そこに不可欠なのが、夫婦の一体化です。

大人も子供も、人はみな愛情と安らぎを求めています。家庭において子供と夫に愛情と潤いを与えていくのが、聖霊の役割としての女性です。聖霊は、慰めと慰労を与え、時には悔い改めに導く存在です。

イエス様の時に聖霊が現れて信徒たちをイエス様につなげました。安らぎを与え、悔い改めに導いたのが聖霊です。女性の皆さんは、その役割を家庭の中でもっているのです。夫と子供に安らぎと憩いを与え、神様と真の父母様につなげるという重大な使命があるのです。

母親の表情は、常に安らぎと愛情に満ちていなければなりません。そうすれば夫も子供も安心するのです。

その日にいろいろと嫌なことがあったとしても、家に帰ったら玄関の前で「母の姿」に戻ることが必要です。険しい表情のまま、夫や子供の前に出てはいけないのです。

偉人の陰に賢母あり

人間の心には知情意という三つの機能があります。心の働きに知情意という三機能があるように、教育も知情意の三つの教育があります。知育、情育、意育です。

特に情の教育は重要で、一番基礎となるものです。情の教育によって人間の心の目が開かれ、人間の本性が開花するからです。この情の教育を家庭基盤を中心として成していくのです。

ところが、家庭が崩壊して、情の教育がきちんとできていないので規範教育がなされず、学校に行っても人間関係をうまく結べない子供たちが、さまざまな問題を起こしているのです。学校の問題の前に、家庭の問題を私たちは深刻に捉えなければなりません。

家庭における情の教育の担い手は、母親です。「偉人の陰に賢母あり」と言うように、偉大な人には偉大な母が背景にいるものです。

モーセにもヨケベテという立派な母親がいました。祭司を輩出したレビ族の人です。その母親の協助があったので、モーセという偉大な指導者が生まれたのです。

真のお父様も真のお母様もそうです。お母様の場合、母親の洪順愛大母様《ホンスネテモ》、その母親の趙《チョ》元模《ウォンモ》ハルモニと、聖主教団からの流れをくみ、絶対信仰の基準を立て、大変な精誠を尽くした血統からお生まれになったのです。

皆さんも偉大な人間を生み出すために、偉大な母になるのです。自分の家庭を理想家庭としていくために、母の位置に立つのです。子供の前でも母、夫の前でも母の心情圏に立ちましょう。

母の心情に立てば道は開ける

夫伝道ができていない婦人が夫婦問題を解決できない原因の一つは、「四大心情」を実践してこなかったことです。夫婦の情の世界だけだったのです。夫婦は横的な関係ですから、ぶつかりやすく、一旦ぶつかってしまうと修復が困難になってしまうのです。

ここに四大心情圏を導入しましょう。夫婦は横的な関係、母子関係は縦的な関係です。夫婦の情が行き詰まったとき、母の心情圏に立てば、また違う道が生まれてきます。

そうでないと、いつまでも「夫の責任だ、あの人が悪い」と夫を非難するだけに終わってしまいます。〝夫〟であるがゆえに許せなくなることが出てくるのです。母の心情圏に立てば、「どうしてこんな息子になってしまったのかしら。母さんのせいね。ごめんね、母さんが悪かったわ」と涙をぽろぽろ流しながら息子を抱き締めるでしょう。それが母の心であり、母の姿です。

いびきをかいて寝ている夫を我が子のように思い、その傍らで一晩中祈ってみたことがあるでしょうか。「夫に問題があるのは私の責任です」と、神様の前に悔い改め、息子（夫）を立派に育てるために、「もう一度、母の心で犠牲の道を感謝して受け止めて歩んでみます」と祈ってみてはいかがでしょうか。

ときには、〝娘の心情〟で父親に甘えるように夫に寄り添ってみたらいいのです。男親は、娘が慕って甘えてくる姿にはみな弱いものです。そんな時は、きっと夫には皆さんが「かわいい妻」に見えていることでしょう。

心の距離が少し遠く感じたなら、体の距離を近づけてみましょう。体の距離が少し離れてきたと感じたなら、心の距離を近づけてみてください。「心の距離は体の距離、体の距離は心の距離」ということを知ってください。

また、姉が弟を心配するときの心情を思い出してみてください。どんなに真剣に弟のために心を砕くでしょうか。真の兄弟愛があれば、姉と弟の信頼があれば、お姉さんが弟のために何かを進言したら真剣に聞いてくれるのではないでしょうか。

そのようにして夫が真の愛に触れたならば、絶対に変わっていくはずです。私たちは真の父母様の真の愛に触れたとき、心が転換され、本然の情が芽生えてきたように、夫もそのような愛に触れたいのです。その愛を持っている皆さんが、持っていない人にあげるしかないのに、愛してあげないから問題なのです。

大母様《テモ》が来日されたとき、夫の問題を抱えている家庭が多いのに驚き、霊界の専門家を集めて協議したそうです。そして分かったことがあると語られました。結論は、〝愛されたい〟という不満でした。夫は愛してほしいのです。構ってほしいのです。そのことをよく理解しなければなりません。

皆さんは毎日、真の父母様との相対的関係を結びながら侍る生活を送っています。そのようにして真の愛を受けているのです。しかし父母様は、その愛を皆さんだけに与えたのではなく、ほかの人にも与えてほしいと願っておられるのです。

皆様が受けた真の愛を、皆様の家庭に連結してほしいと願っておられます。夫に伝え、子供に相続させて、そこに真の愛を繁殖させ、完成させていくためです。

家庭には母親の豊かな愛が必要です。穏やかで温かな、それに触れたらほっとするような愛です。妻の声に温かいものを感じたら夫は安心できます。

「北風と太陽」という寓話があります。旅人のコートを脱がせたのは、北風ではなく、ぽかぽかと温かい太陽だったという話です。それが豊かな母親の愛ではないでしょうか。夫や子供が求めているのは、厳しさや強さ、激しさではなく、お母さんの〝優しさ〟なのです。

愛にはいろいろな表現があります。深い愛、繊細な愛、たまには優雅な愛……。男性はナイーブでロマンチストです。男性のそのような性質をよく理解した上で、母としての愛を与え、夫を慰め、安心させてあげれば、何の問題も起きません。要は、夫にとって妻が、自分の願う「良い妻」であるかどうかなのです。

母親の包むような愛で夫や子供を愛すれば、思いやりや素直さ、感謝の心が生まれます。

夫から、「おまえ、ありがとう」という言葉も、たまには出てくるようになるのです。

家庭を安息の場に

家庭は最初に人間関係を結ぶ重要な場です。家族には父親、母親、子供といった格位があり、互いに秩序を持ちながら授受するとき、慈愛・孝誠・和愛・友愛が生まれるのです。真の父母様のご家庭には愛の秩序があります。私たちもその伝統を受け継いでいかなければなりません。

現代人にとって、今やどこも戦場です。会社も戦場、学校も戦場です。その上、家庭も戦場だったら……。それで、夫たちは安らぎを求めて、手を取って優しく慰めてくれる愛を求めて巷《ちまた》をさまようのです。サタンはその夫たちの心をからめ取るのです。

そんな夫に対していくら怒っても駄目です。妻の心に愛が豊かにあふれ、それが夫に流れていけば、夫の心が他の所に行くことはなくなります。妻の愛に酔いしれ、家庭が安息の場になります。

家庭は心情の共同体であり、愛を学ぶ学校です。お父様は「神様がこの地上に持ちたい組織は家庭である」と語られています。神様が最も大切にされるのが家庭なのです。

理想家庭とは何でしょうか。家庭を成す前に、まず私自身における心と体の統一が必要です。そして「私とあなたが愛を中心として完全に和合する」という、夫婦統一が必要です。愛の道は、すべてを一つにするのです。

まず、私自身における心と体の統一がなされ、愛を中心として夫婦が一つになる。そして一つになった家庭が生まれてこそ、世界平和理想が実現されるのです。平和世界は理想家庭を基盤としてなされていくのです。

ですから、このような神様のみ旨をよく理解し、夫婦関係や家庭の問題に真剣に取り組んでいかなければなりません。

㈢ 夫は私の実体的な救い主

子女の愛から出発し、夫婦愛で完成

三大祝福の中心理想である家庭理想のテーマは「夫婦愛」です。

それでは、「夫婦愛の完成」はどのようにしてなされるのでしょうか。親子の関係を見れば、親が子供を愛するほど、子供の心は親に向くようになっています。子女の愛が生まれ、それが「孝」の心情です。

幼児期は「情」が発達するうえで最も大切な時期です。そして少年期は「知」の発達、青年期は情と知を土台とした「意」、つまり実践力、行動力が発達してくるようになっています。

人間は子女の愛をベースにして成長していきます。そして、子女の愛の基盤の上に兄弟姉妹の愛が生まれます。親が子供に投入すれば、子供の中に親を慕う情が育まれ、さらに親が愛する者を互いに愛する、兄弟姉妹の愛へと展開していきます。

私たちが親なる神様を愛すれば、同じ親を持った兄弟姉妹として、横の関係もつながります。しかし、堕落によって神様との縦的関係が切れ、そのために横的な兄弟姉妹の関係も失われました。ですから、神様との縦的関係を取り戻すことによって、兄弟姉妹の横的関係も取り戻すことができるのです。

真のお父様がおっしゃるのは、「夫婦の愛は何もないところから花咲くのではなく、兄弟姉妹の愛が土台となって夫婦愛が育つようになっている」ということです。

兄弟姉妹の愛を十分に育むための努力を怠ると、夫婦愛を育む土壌が粗悪なものになって、雑草だらけで芽が出ない、花は咲いても実らないという状態になる可能性があるのです。

エデンの園において、アダムとエバが結婚して夫婦となり、初愛を結んでいく瞬間にすべての愛が完成していくようになっていました。子女の愛を起点とし、兄弟姉妹の愛が育ち、その土台の上に夫婦愛が実って愛を完成するというのが、神様の創造理想でした。

そのように考えれば、真の夫婦愛を完成し、家庭理想を完成することは、み旨の中のみ旨であることが分かります。

どのような女性が「真の妻」なのか

人間は霊と肉でつくられています。ですから人間は、精神的に愛し合うだけでは満足できません。肉体的な一体化がなければ、愛は完成できないのです。夫婦が生殖器を中心として霊肉一体となり、神様を中心とした愛を結んでいくとき、完全な愛の世界が生まれていきます。

愛し合う夫婦に神様が降りてこられ、神様はその夫婦に占領されるのです。それゆえに、真の愛を中心として夫婦が愛し合うときには、全身の細胞が打ち震えるほどの感動があるというのです。

子女の愛から出発し、兄弟姉妹の愛を育み、夫婦が一体となって愛を完成していく。そして子女が生まれれば、そこから父母の愛が出発していくのです。ですから、四大心情圏の定着点は夫婦愛であると見ることができます。夫婦が霊肉一つとなって愛し合うのは、善の子女を生み増やして子孫を残すという目的だけでなく、愛を完成するという、もう一つの重要な目的があるのです。単に子供を生むためだけに結婚するわけではないのです。

あるご主人は、奥さんがいるのに「うちには妻がいない」と嘆いていました。子供も大きくなり、夫婦水入らずの生活になったのですが、女性の中には、月のものが止まると同時に〝女性〟であることをやめてしまう人がいます。子供を生む必要がなくなったからといって、妻の位置も放棄してしまう女性がいます。形は夫婦であっても、夫婦としての心情関係が成り立たなくなってしまっているのです。

〝愛の完成〟ということを考えれば、五十代には五十代の夫婦愛、六十代には六十代、七十代には七十代の夫婦愛がそれぞれあることを知らなければなりません。いくつになっても、夫婦は協力し、愛し合って、真の夫婦愛を形成していくという目的があることを忘れてはなりません。

それでは、どのような女性が「真の妻」だと言えるのでしょうか。「夫のために自分の事情をすべて捧げて生きていく人」です。自分の大切なものを捧げることによって、初めて相手のために生きることができるようになっているのです。相手のために生きて、ために生きたことを忘れていくのです。

なぜ夫が貴いのか

真のお父様は「真のアダムの価値は、真の命の種を持っていることである」と語られたことがあります。地は種を受けて育んで芽を出していきます。

男性は種を与える立場なので主体となり、女性は種を受ける立場なので対象となるのです。

だからといって女性に価値がないというのではありません。夫も妻も、価値は同じです。

では、夫の価値はどこにあるのでしょうか。顔でしょうか、性格でしょうか。あるいは稼ぎでしょうか。

稼ぎが良いから価値があり、稼ぎが悪いから価値がないというのではなく、顔や性格がどうであれ、夫は妻の畑に蒔《ま》く命の種を持っている唯一の人なのです。夫以外に妻の畑に蒔く種を持っている人はいないのです。それが夫の価値です。

ですから夫が貴いのです。ありがたいというのです。夫がいなければ、永遠に命の種が蒔かれることはありません。

お父様はまた、「女性は空箱である」とも言われます。女性には自分のものがないというのです。空箱ですから、中に何を入れるかで、その箱の価値が変わります。ゴミを入れればゴミ箱になるし、宝石を入れれば宝石箱になるというのです。

ですから、女性は「善悪を知る木」なのです。善の種を植えれば「善を知る木」になり、悪の種を植えれば「悪を知る木」になるのです。それが女性の立場なのです。女性が主体を間違えると、一生不幸な道を行かざるを得ません。

信仰生活において、家庭生活において、主体を間違えてはいけないのです。自分の主体をはっきりと知るべきなのです。主体を中心として回るのが、私たちの信仰生活です。

家庭における主体は、お父さんであり、夫なのです。主体（夫）が対象である妻の周りを回るのではなく、主体の周りを妻と子供が回らなければなりません。それを逆にしようとするから不具合が生じるのです。

「모《モ》시《シ》다《ダ》」の精神で生活

妻は「夫に侍る」生活が必要です。そして、感謝と喜びの生活をしていくのです。夫を真のお父様のように慕い、うれしくて感動的な生活をしていかなければなりません。

「侍る」という言葉を聞くと嫌な顔をする婦人がいます。「夫に侍らなければいけないのですか」と。「妻は夫に隷属する」という主従関係のイメージが強いのです。

「侍」という字は、「さむらい」とも読みます。その昔、侍は主君のためなら、その命令に命懸けで従うことが「忠」とされました。

日本では、夫と妻においても、組織体の人間関係においても、対象は主体に嫌でも従うべきだという風潮が色濃く残っています。そのため、「侍る」という言葉が、私たちの中で間違って捉えられてしまっています。

真のお父様が語っておられる「侍る」世界は全く異なるものです。日本語では「侍る」と訳していますが、本来は韓国語の「모시다」です。日本語の「侍る」と韓国語の「モシダ」は根本的に違っています。「モシダ」は父母に対して使い、「孝」の精神なのに対し、日本の「侍る」はどちらかというと、「忠」の精神なのです。

孝は、親子関係で用いる言葉です。例えば、親が何かを強く願っているとき、子供はその親の願いを感じて、何とかしてその願いをかなえてあげたいと、そのために自主的に動くのです。その願いをかなえてあげ、親が喜ぶ姿を見て「よかったなあ」と喜ぶのです。それが孝の世界です。

「モシダ」は「主体の心情の中に入って一つになる、共に生活する」ことを言っているのです。親の心情と一体となるところに「モシダ」の精神があるのです。夫婦の関係も信仰生活も同じです。私たちは、新しい伝統に従って生きなければなりません。言われなくても、喜んで願う以上のことをしてあげるというのが、侍る生活だということです。

私たちは、「モシダ」の精神を中心とした、侍る生活を体現していかなければなりません。「モシダ」の精神を中心として、夫婦愛を確立していくべきなのです。

夫の世話を焼くことを面倒臭がってはいけません。手を掛け、心を掛けましょう。男性はいくつになっても、構ってもらえばうれしく思うのです。

ある婦人が、「言われなくてもするのが一流。言われてするのが二流。言われてもしないのは三流」という家訓が自分の家庭にあると言いました。私はそこにもう一つ、「言われなくても喜んでするのが、超一流」を付け加えたいのです。

この家訓には私たちの信仰生活にも通じるものがあります。夫から言われなくてもするのが一流の主婦です。言われて腰を上げるのが二流の主婦、「おい、お茶」と言われて「あなた、自分でやって」というのは三流です。妻として資格がないということです。言われなくても、喜んで感謝してできる超一流の主婦、スーパー主婦にならなければなりません。

堕落に至った天使長の情の動きに注意

天使長が堕落してサタンになった経緯が理解できるでしょうか。その出発点は「寂しい」という思いでした。この情の発展の構図を知っておかなければなりません。

天使長の情の動きの第一段階は、「羨ましい」という思いでした。神様は百三十八億年待ち続けて、やっと実子のアダムとエバを生み出したとき、あふれんばかりの愛情をアダムとエバに注がれました。それを見ながら天使長は、「いいなあ、羨ましいなあ。アダムとエバが生まれる前は、私もあのように神様から愛されたのになあ」と思ったのです。

それが第二段階に発展して、「寂しい。私は少しも愛されない。アダムはいいなあ」と思うようになり、いつしかそれは「嫌悪感」に変わり、「アダムがいなければ、私はもっと愛されるのに」という思いが湧き出て、これが発展して、「おまえが悪い。おまえさえいなければいいんだ」という「呪詛心《じゅそ》」に変わりました。このような情の経路を経て、天使長は堕落してサタンになっていったのです。

いちばんのポイントは、「寂しい」という思いです。これは点滅している赤信号と同じようなものです。私たち自身の情もそうですし、ご主人の情の世界もそうです。

「寂しい」という情を放置していると、次第に嫌悪感に変わり、呪詛心を生み出し、夫婦関係が成り立たないという状況になってしまうのです。赤信号が点滅しているときの車は、「注意して進め」ではなく「一日停止」です。左右の安全確認をして、大丈夫ならば安全速度で発進します。

「寂しい」という感情が生まれたら、一日停止。止まって、なぜ自分はこんな情になっているか、なぜ夫がこんな情になっているのかを分析して問題を解決し、安全な状態になってから発進するのです。安全が確保できない限り進んではいけないのです。

夫は私のメシヤ

真の父母様は、「メシヤは三人いる」と言われます。真の父母様が第一のメシヤで、第二のメシヤが夫（妻）です。第三のメシヤが子女です。

真の父母様とはあくまでも信仰的、霊的な関係です。それに対し、自分を実体的に解放して救ってくれるのが夫（妻）です。真のお父様の代身として、私だけの相対圏として与えられたのが夫です。夫なくして、妻は救われません。

そう思うと、夫がどれほど貴いですか。夫を大切にしなければなりません。夫をけなすことはお父様をけなすこと、妻を無視することは神様を無視することです。それは天法に引っ掛かります。

それゆえ夫を天の前に導かなければなりません。これは伝道です。真の父母様につなげて信仰的に独り立ちできるようになるまで、夫の永遠の命に責任を持たなければなりません。

信仰の子女に投入するのと同じように、むしろそれ以上に、夫のために涙を流し、祈祷し、手紙を書いたり、水行したり、時には断食したりと、精誠を尽くすのです。夫を必ず伝道すると心に決めて、夫伝道に取り組んでください。

第三章　真の愛で長子権復帰

㈠ 長子権を復帰して始まる夫伝道

「嫁にもらって良かった」と言われるように

私たちは毎日、「み旨をなさしめ給え」と祈りながら信仰生活をしていますが、神様のみ旨とはいったい何でしょうか。真の父母様は、神様のみ旨とは〝創造理想を完成すること〟、すなわち、「三大祝福の完成」だとはっきりと教えてくださっています。

三大祝福とは、「個性完成」、「子女繁殖」、「万物主管」を言います。三つの祝福にはそれぞれ「その実体になりなさい」という天の願いが込められています。

三大祝福を別の角度から見れば、「長子権復帰」、「父母権復帰」、「王権復帰」を意味します。長子権復帰の土台の上に、父母権、王権復帰の取り組みが出てきます。

長子権復帰は、あらゆる人間関係において必要なテーマです。家族から反対されたり、理解が得られない場合、親から長子権復帰を成し、夫から長子権復帰をし、子供から長子権復帰をして、真に子女として、妻として、親としての位置に立つことができるのです。

そのような意味において、復帰の取り組みにおいては、長子権復帰に取り組むことから始まるのです。

長子権復帰をすることによって、相手が「あなたには何の文句もありません」と、心情的に屈伏して頭を下げてくる姿をたびたび見ることがあります。

ある婦人が夫から長子権復帰をすることができたのですが、その瞬間から、夫は一切妻に対して文句を言わなくなったそうです。

また、ある婦人は、夫から二年近くも教会に通うことを許されませんでした。しかしあきらめずに、その夫に対して、毎日一つの精誠条件をひたすら捧げることによって、ついに夫の口から「おまえ、よくやった」という言葉を言ってもらうことができました。

このように、家庭において妻が夫から「おまえを嫁にもらって良かった」と言われ、子供から「立派なお母さんだ」と認められ、神様から「立派な娘だ」と評価される真の女性となりましょう。それが夫伝道、家族伝道の出発点です。

復帰摂理における長子権復帰の取り組みを考えてみましょう。

サタンは、カインが持っている長子権を決して手放そうとはしませんでした。私たちは、カインの背後でサタンがしっかりと握っている長子権を復帰してくるのです。長子権復帰は、カイン（サタン）を屈伏させて、神側に帰ってくることです。

サタンが抱いている歴史的な恨みは〝愛の恨み〟であり、「愛されなかった」という「愛の減少感」が心の根底にあることを理解したうえで、夫伝道に向かわなければなりません。

夫も真の愛を求めている

この世の中では真の愛を見つけることはできませんが、人間の本心は常に「真の愛」を求めています。

私たちは、偽りのない、色あせることのない、私の心を永遠に満たしてくれる真実の愛を見たい、その愛に触れたい、その愛で愛されたいと願い、真の愛に出会いました。考えてみてください。私たちがそう願ってきたように、夫もまた真の愛を求めているのです。

神様はなぜ、「二性性相の神」として存在しておられるのでしょうか。愛と喜びのためです。

私たち人間も、二性性相の存在として相対的関係を持つことによって、愛と喜びの関係が成立し、存在することができるのです。

ゆえに、夫との間に愛と喜びの関係をつくるためには、関係を結ぶための基準をつくらなければなりません。神様が、夫と自分の間にどのような願いを持っておられるのか、その願いを中心として相対的関係を築き上げていくのです。自分を中心としてではなく、神様を中心とすることが重要なのです。

宇宙は「ペア・システム」によって成り立っています。神様は、愛の理想を実現したいがために、ペアとして創造されたのです。お互いが相対的関係を結び、授受作用をするときに愛の理想が生まれてくるのです。

二性性相は、愛を中心にしないと一つになることができません。親と子を結び、夫と私を結ぶ唯一の要素こそが、愛なのです。

真のお父様は、どのような方でしょうか。史吉子《サキルヂャ》先生は、「お父様は愛の病気にかかっておられる方」と表現されました。愛したくてたまらないお方です。それゆえに「先生の愛は、ブレーキが故障しているので、一旦発動すれば止めようとしても止まらない」とお父様はおっしゃるのです。

十六万人の日本の女性修練会のとき、お父様はみ言《ことば》を語りながら時計に向かって「止まれ」と叫ばれたという話を聞いたことがあります。「久しぶりに会った、愛する日本の娘たちの苦労を少しでも慰めてあげたい、もっと愛を注いであげたい」という思いをいっぱい持っていらっしゃるお父様にとって、あまりにも早く時間が過ぎるので、時計に向かって叫ばれたのです。愛の衝動に満ちあふれているお父様です。

もし私たちが、お父様のような愛の衝動を持って生活し、夫を愛していったならば、夫は少なくとも、今よりも満足しているに違いありません。

夫は、会社や社会という戦場にあって、さまざまな闘いの中で、必死に働いています。心身共に疲労困憊《こんぱい》し、安息を求めて帰宅したのに、妻から安らぎを感じられなかったら、どうでしょうか。真っ暗な家に一人で入る空《むな》しさはどうでしょうか。

明かりが灯り、「きゃっ、きゃっ」という子供の笑い声が聞こえ、みそ汁の香りが漂う中、玄関のチャイムをピンポーンと鳴らしたら、ばたばたっと足音がして、「おかえりなさい」と妻や子の満面の笑顔で迎えられる平和な家庭を、どの夫も望んでいるのです。

ご主人たちに「奥さんが信仰することに、なぜ反対するのですか」と聞いたことがあります。「うちの女房は、世界のため国家のためと、大層なことを言っているが、言っていることとやっていることが全然違っている」と訴える夫が多いのです。

夫は、「世界のために出ていく前に、茶碗くらい洗ってから行けよ。掃除機ぐらいかけて行けよ。洗濯物もためないのか」と嘆いているのです。神様が分からない、み言が分からない、「原理」も分からない夫や子供を納得させるには、愛の実体としての姿を見せてあげなければ難しいのです。

み旨で忙しく家事が十分にできないことも、一日中歩んで疲れ果てて帰宅していることも、天はご存じです。しかし、妻が、母親が家事をしなかったら、家の中は汚れ放題になり、家族みながイライラしてくるのです。

義務感からではなく、愛したくてたまらない愛の衝動が動機となっていれば、喜びに満ちあふれるのです。妻として、母として、主人意識を持って「責任は私にある」と考えるのがいちばん良いと思うのです。

「夫は少しも変わってくれない」と嘆くのではなく、私が夫にとって理想的な妻となっていくほうが、夫が変わるのを待っているよりも早いのです。私自身が良い妻であることが必要です。妻が愛の勝利者になったら、妻の声は相手に届くのです。また、夫や家族から信頼されたとき、「ありがとう」の言葉をもらうことができるのです。

自己否定と自己犠牲の愛

真のお父様のご生涯は、いつもサタンとの闘いの連続でした。お父様は、み旨の道を出発されて、個人的長子権から始まり、家庭的、民族的、国家的、世界的、天宙的長子権まで、サタンが奪っていったものをすべて復帰するという闘いを勝利されました。今やサタンは、お父様の前に完全屈伏しています。

しかし、まだ勝利していない私たちには、サタンは屈伏しないのです。サタンを屈伏させるためには、サタンよりも勝らなければなりません。そのためには、サタンができないことをしなければなりません。そうすれば、「私にできないことを、あなたはしました。私以上です。参りました」とサタンは頭を下げるでしょう。

それでは、サタンにできないこととは、どういうことでしょうか。自己否定と自己犠牲の道を行くことです。ために生きる犠牲的愛です。これしかありません。

自己否定は、自分の中のサタンを屈伏させることであり、我を持たないことです。また、自己犠牲は真の愛で他者のために生きることです。「真の愛でために生きる実践」、これこそがサタンを屈伏させる方法なのです。

真の愛で夫のために生きる実践をしましょう。父母が子供のために献身的に生活しているように、夫に対して愛の実践を続けるのです。このことが、これまであまりできていなかったのではないでしょうか。

「あのとき、もう少し夫をかまってあげていたら、ああいうふうにはならなかっただろう」

と思い当たることがないでしょうか。つまらないことで意地を張ってしまったり、優しくできなかったり、許してあげなかったりしたために、夫がへそを曲げてしまって、気まずい思いが続いてしまったことはありませんか。夫に対して、機関銃のように不平不満の言葉をぶつけていませんでしたか。激しい感情は、夫の心を捉えることはできません。

ためにに生きる犠牲的愛で夫に尽くしてください。「父母の心情、僕《しもべ》の体」です。そのような妻を、夫は批判することができません。夫自身がその愛を求めているからです。愛の実体、真の愛の勝利者とならなければなりません。

神様が相対できるアベル

復帰歴史は、失った父母を復帰するための道でした。アダムとエバが堕落せずに完成していたなら、彼らは真の夫婦となり、愛の家庭を築いたでしょう。その土台の上に王の王として立ち、地上・天上に天国ができていたでしょう。しかし、堕落によって、神様の前に父母の位置を失い、子女を失い、すべてを失ってしまいました。

ですから神様は、失った真の父母を取り戻さなければなりませんでした。そのために、堕落したアダムとエバの代わりに子女を立てて、父母を復帰する道を探されたのです。子女の摂理は、失った父母を探し立てるためのものでした。神様のみが相対できる位置が立たないと、神様は摂理を進めることができないので、アダムを善と悪に分立して、アベルを神側に立てて摂理を成してこられたのです。それが、アベル、カインという関係になって表れているのです。復帰は失った〝関係性〟を回復する道でもあります。

そのように、世界的摂理も国家的摂理も家庭的摂理も、神様が相対できるアベルを探し出さなければ、復帰の摂理を進めることができないのです。

アベルは、神様が取ることのできる純粋な信仰、「神様を愛し、すべてのカインを愛する」という心情を持たなければなりません。

皆さんは、神様から召命を受けたので、自分はアベル圏に属する者であるという自覚を持ってください。

アベルの位置を確立

アベルがカインの前に立つためには、ある条件が必要です。信仰基台を復帰することです。ですから、夫伝道に向かう前に、「神様と私」という縦的な関係（信仰基台）を確立しなければなりません。夫の前に良き妻として出ていく前に、神様の前に良き娘として立つことが必要です。

神様を親として侍り、神様を愛し、神様の前に責任を持つ。これを横的に展開した関係が、夫と私の関係なのです。この内容を備えるために、私たちは今日まで信仰の訓練を受けてきたことを知らなければなりません。今日まで準備してきたすべての内容を持って、家庭理想を実現していく時が、今来ているのです。

アダム家庭において、本来アベルは、神様の愛をカインに届けて愛さなければなりませんでした。しかし、カインに神様の愛を届けることができなかったのです。それが問題だったのです。私たちは夫の前に神様の愛をいっぱい携えて行かなければならないのです。

皆さんは、カインの前に出ていって、カインを救うことのできるアベルとしての内容を持たなければなりません。世の中からも、夫からも認められるアベルとして立つために、真の愛の人間として自分を成長させていかなければならないのです。

ヤコブは、エサウを愛で屈伏するために二十一年間の苦役を通過しました。モーセも、イスラエル民族に親の心情で愛を与えていく指導者として立つために、アベルの位置を確立していきました。

私たちも、夫や親族というカイン圏に出ていくためには、アベルとして認定される内容を持たなければならないのです。それができて初めて、夫伝道も具体的な取り組みに入っていくことができるのです。ここまでは夫伝道のための準備段階でもあります。

今日まで、信仰生活を通して神様の前に信仰基台を確立してこられた皆さんは、「神と私」、「真の父母様と私」の関係を絶対的な関係にしておかなければなりません。そして、その関係を、夫との間に実践していくのです。

そのような立場に立って夫伝道に取り組んでこそ、夫を愛して長子権を復帰し、夫を真の意味で解放することができます。そして、夫と一体化して初めて、その家庭の摂理が成就するようになります。夫婦が霊肉共に完全に一体となって、神様を中心とした愛の四位基台を成して初めて、理想家庭が出発していくのです。

最高の運勢を持つアベルとして召命

神様がアベルを立てて摂理をされるのは、何のためでしょうか。カイン圏全体を救うためです。アベルは、カインを伝道して神様のもとに連れて帰るという使命を持っているのです。

それでは、アベルとはだれのことでしょうか。いち早く神様のことを知らされ、神様の愛を知った皆さんがアベルなのです。皆さんだけが救われるためではなく、神様の愛から遠く離れてしまった、ご主人や子供たち、親族や友人を伝道し、神様のみ旨を成就するために皆さんは召命を受け、アベルとして立てられたのです。

復帰摂理史において、天は多くの中心人物を探し求めてこられました。神様が摂理を進めるためには、神様に相対する者が必要なのです。それがアベルであり、皆様なのです。皆様を通して、復帰の道は開かれていくのです。

女性の立場から見て、その家庭にとって〝最高の嫁〟とは、どのような女性を言うのでしょうか。それは金持ちの女性でも、権力のある女性でもありません。最高の運勢を持ってくる女性が、〝最高の嫁〟なのです。その家に嫁いでくる〝嫁〟によって、家運が傾いたり、上がったりするのは、よく聞くことです。

最高の運勢は、神様とメシヤにつながるところにあります。皆さんは「神様と私」、「真の父母様と私」という縦的関係を大切にしなければなりません。その軸を失うと、皆様の家庭が天に通じる道を失ってしまうのです。

その軸が立っていれば、神様によって召命された皆様ですから、皆さんは最高の運勢を持っているので、皆さんが歓迎されない理由はないのです。

理解できないから反対する家族

そのような皆さんが、なぜ反対を受け、苦労しなければならないのでしょうか。

それは、ご主人や家族が、天の事情もみ言《ことば》も神様の願いも分からないために、皆さんのしていることが理解できないからです。その溝のゆえに、いろいろな問題に発展して、皆さんが苦労の道をたどるようになるのです。

神様のことが分かり、み言が理解できたら、反対する理由はなくなるのです。ですから伝道しなければならないのです。また、使命が大きいということは、それだけ責任も大きく、困難も多いのです。

「こんなはずではなかった。なぜ私だけが……」という被害者意識を持つのではなく、「私はこの家系を天につなげるために、天の願いを受けて嫁いできたのだ。私がいなかったら、この家の運勢は上がらない！　私の使命が大きいのだ」というプライドを持ってください。そして、そのプライドに基づいた、責任ある行動をしていきましょう。

召命されたということは、神様が皆様の家庭や親族に対する復帰の摂理を行う時が来たということです。

「召命」とは何でしょうか。皆さんは、一〇〇パーセント、神様の事情によって召命されたのであり、私の事情はゼロパーセントなのです。私の事情が一パーセントでも入っていると、私の願いどおりにならなければ、不平や不満になりやすいのです。ですから自分の事情で動いてはいけません。神様のみ意《こころ》を行うために、皆さんは教会に来ているのです。

アベルの使命はカイン圏を救うこと

カイン（長男）は長子権を持っています。長子権とは長子の嗣業、家督相続をする権利を意味します。サタンは、カインの位置に対する執着を強く持っていて、絶対に手放さないのです。

神様は、直接主管できないカイン圏を救うために、アベルを立てて、カインを神様のもとに連れ帰らせようとされました。神様がアベルに対して願っておられることは、神様から遠いカインを、神様のもとに連れ帰ることです。アベルは、そのような使命を持っています。

では、どうしたらカインを復帰することができるのでしょうか。

カインの持つ長子権を復帰することによって、弟のアベルは兄の立場に立つことができるようになります。そのとき初めてアベルが、カインを神様のもとに連れ帰る道が開かれるのです。

これと同様に、アベルの立場にある妻がカインの位置にある夫を伝道していくために、夫の持つ長子権を復帰する取り組みをしていくわけです。長子権を復帰することによって、夫を神様につなげることができるのです。長子権復帰をしなければ、夫は皆さんに屈伏しないようになっています。

(二) ヤコブに学ぶ長子権復帰の秘訣

ヤコブ路程に学ぶ長子権復帰のポイント

長子権復帰を具体的になし、サタン屈伏の典型路程を歩んだ人物が、アブラハム家庭のヤコブでした。ヤコブは、天の知恵と真心をもって兄エサウから長子権を復帰しました。ヤコブ路程には、私たちが学ぶべきいくつかのポイントがあります。

第一に、天のみ旨のために知恵を駆使したということです。夫伝道も、天につなげれば、方法はいくらでも出てくるはずです。むしろ私たちが意識しなければならないのは、「方法論」よりも、いかに自分自身が天と一つになって進めていくかということだと思います。

第二に、母リベカの信仰と母子協助がありました。協助してくれる基台があったのです。天の摂理を進めるために、皆さんの家庭や親族に、協助してくれる理解者をつくりましょう。アベル圏の基台をつくって取り組むのです。天と霊界の協助を受ける基台をつくると、夫伝道は効果的です。原理的に見ても、基台を組んだほうがより有効なのです。家族や氏族の中で基台をつくって一緒に祈ったり、精誠条件を立てていくことが望ましいでしょう。

今は、四千億以上の絶対善霊が準備されている時代です。絶対善霊は、今の摂理に協助するために準備されているのです。

第三に、「信仰者は未来指向型であれ」ということです。

ヤコブは、伯父ラバンからどんなに厳しい迫害を受けても、ひるむことも、屈することもなく耐え抜きました。厳しい現実の前にも自暴自棄にならず、むしろ未来に目を向け、そこに準備されている天の祝福を希望に思い、感謝しながら現実を受け止めていったのです。

神様は、今を見て私たちを訓練するのではなく、来るべき未来のために今、訓練されるのです。私たちも、ヤコブのように未来指向型でなければなりません。現実がどんなに厳しくても、そのことを憂うのではなく、「神様が私のために祝福を準備してくださっている。それを受け取るための条件として試練や苦労があるのだ」と考え、感謝してそれを越えていくのです。

未来には大きな安息と祝福が待っているという希望を持ち、それを憧れながら歩んでいく人を信仰者というのです。私たちは、強い信仰を持って立たなければなりません。

難しい環境に置かれたり、厳しい迫害を受けたとしても、天に対する不変の心で耐え忍んで、希望を持って歩んでいくのです。

カインの背景にある「愛の恨み」

長子権復帰は、カインを自然屈伏させることによって成されるものです。カインが感動して、「あなたから受けた愛はもう十分です。これ以上、何の文句もありません」と感動して、喜んで長子権をアベルに譲り渡すようにしなければなりません。

夫が皆さんに屈伏するのは、言葉や外的な何かではありません。夫に対する真心であり、天に対する純粋な信仰から来る従順さ、謙虚さに、これまで満たされなかった心が解放されていった時に、自然屈伏するのです。

反対している夫は、カインの立場です。カインの背景には、天使長、サタンがいるのです。天使長の恨みとは何でしょうか。愛の恨みです。愛されなかったという、愛の減少感から来る恨みを持っているのです。

心の中に抱えている、愛されなかった恨みを解いてあげなければ、カインは救われないのです。真の愛で愛していく以外に道はないというのが、長子権復帰の結論なのです。「愛と犠牲と奉仕」が私たちが行く道なのです。

聖書には、「エサウは長子の特権を軽んじた」（創世記25章34節）とあります。狩りから帰ってきたエサウが、「わたしは（腹がすいて）死にそうだ。長子の特権などわたしに何になろう」（同25章32節）と言って、パンとレンズ豆のあつものと引き換えに長子権をヤコブに譲渡したのです。ヤコブは長子権を重んじ、エサウはそれを軽んじたのです。

エサウと和解したときはどうだったでしょう。エサウは、ヤコブから恭《うやうや》しく七拝され、賛美の言葉や万物を、礼を尽くして贈られて、その真心に触れました。エサウはヤコブの姿を見て、二十一年間の恨みを忘れて和解したのです。

神様は、信仰を持って厳しい環境を越えていくヤコブと共にあり、ヤコブを助けました。「わたしはあなたと共にいて、あなたがどこへ行くにもあなたを守り、あなたをこの地に連れ帰るであろう。わたしは決してあなたを捨てず、あなたに語った事を行うであろう」（創世記28章15節）と約束されました。

ヤコブ路程を学んでみると、アベルは、カインの前にどうあるべきかが見えてきます。

夫に関心を持ち、夫の事情を知り、夫に侍る

相手を感動させることのできない理由の一つが、普段からご主人の事情やニードをよく把握していないということです。関心がなければ、ご主人を愛することも、感動させることもできません。

最近のご主人の服装や食べ物の好み、髪型、雰囲気などはどうでしょうか。ご主人は、少々体調が悪くても仕事を休めないという場合もあるでしょう。家族の健康管理は、妻であり、母である皆さんの責任です。今どのような状況なのか、手に取るように分かるようになって

いなければなりません。

日頃から関心を持ってください。無口で何を考えているか分からないというご主人も、よく観察すれば、糸口は見つかります。相手の事情が分からなければ、何もできないのです。

一度、ご主人に真心を込めて手紙を書いてみてはいかがでしょうか。ご主人への感謝の思いや、尊敬している部分など、日頃、なかなか面と向かって言えないことを率直に文章に表してみるのもよいことです。

相手の立場に立ってみて、どのように感謝し、どのように賛美したら喜ぶかを祈りながら整理してみるのです。できれば、書き上げたものを第三者に見てもらって、内容が適切かどうか、チェックしてもらうとよいでしょう。

相手の事情を知れば、心情を一つにすることができます。夫の事情も分からないのに、夫に侍ることはできません。カインの心を開き、救いに導く道は、このような段階を通過して開かれていくのです。

「なぜ、私が……」という思いや、「私はこんなに頑張っているのに、あの人が努力してくれないから……」という責任転嫁は堕落性だと思いましょう。

真のお父様は、「アベルの位置に立つ者は、私憤を持ってはいけない」と言われました。血気、怒気に主管される人は、サタンに利用されやすいのです。私たちは自分の感情をコントロールできなければなりません。

現実に負けたり、感情に主管されることなく、主人意識を持って、忍耐力を持って、神様の導きがあると考え、未来のために自らの使命を全うしていきましょう。

真の愛を表現──「笑顔」「料理」

女性の最大の魅力は「笑顔」です。引きつった顔をしていないで、笑顔でご主人や子供たちに接してください。

女性の皆さんは、家庭にあっては聖霊の役割があるのです。慰労と感動と、夫や子供の心を天につなげる役事を起こさなければならないのです。妻の笑顔は、夫にとって、これ以上の慰めはありません。心を豊かにし、笑顔の練習をしましょう。

もう一つは「料理」です。おいしいものを食べたら、幸せな気持ちになりませんか？　普段は質素な食事でも、節約してお金を貯めて、たまには豪勢な食事を作ってあげるのもいいでしょう。そのために、計画をして貯めていくのです。

腕を振るって、ご主人や家族が幸せになれる食事を作ってあげてください。おいしい食事は心の大いなる栄養素です。

㈢「長子権復帰」は夫伝道の第一歩

カインから認定を受ける復帰の道

縦横の八段階を越えていくのが復帰の道です。

一生懸命歩んでいるのに、なかなか結果が出ないことがあります。それにはいくつかの理由があるのです。その中の一つが、自分なりの努力で頑張っている場合です。ただがむしゃらに努力して頑張ればよいのかというと、少し違うのです。

「『しゃにむに信じて行けばよい。しゃにむに行えばよい』ということが通じる時代は、既に過ぎました。旧約時代、新約時代には、それが通じましたが、今の時代は通じないというのです。……天の側が要求する提示条件を残さなければならないのです」（『訓教経』下「み旨の完成と私たちの使命」ＰＤＦ版７２８ページ）

いかに原理原則を立てていくかということです。復帰摂理は、「復帰原理」によってなされていきます。そこには、「蕩減」という問題があります。蕩減復帰の原則に従っているかということです。

夫伝道に向かっていく時、何よりも神様を愛し、神様の愛する者を私も愛するという姿勢がなければなりません。復帰の道は、堕落によって失ったものを取り戻していく道です。

本来、堕落がなかったならば、アダムとエバは神様から与えられた三大祝福、すなわち「個性完成、家庭完成、万物主管完成」を成し遂げ、愛を持って万物世界を治めていくはずでした。

しかし堕落によって、そのすべてを失い、天使長に主管されてしまいました。そして、本来の位置よりも下の万物以下に落ちてしまったのです。

それゆえに、人間が復帰していくべき道は、すべて万物（僕）より下の位置、つまり、僕《しもべ》の僕から出発するようになっています。僕の僕から僕へ、養子、庶子、実子、母、父、そして神様に至るまでの八段階を上がっていかなければならないのです。

そのためには、カイン圏に行って、カインを愛し、尽くし、侍って、そのカインから長子権を復帰し、「あなたは勝利したアベルです」と認められなければなりません。そうして次の段階に入っていくのです。カイン圏に行ってカインから認定してもらわなければ、一段階上に上がることができないということです。そのために長子権復帰の闘いが必要なのです。

その長子権復帰の闘いに歴史上初めて勝利して、サタンを屈伏させたのがヤコブなのです。妻から尊敬を受け、エサウを感動させ屈伏させたヤコブのように、私たちも人を感動させ、カイン圏から認定される人間になる方法を研究すべきなのです。

人との関係性をより良く築いていくためには、人は何を好み、何を嫌うのかを日頃から関心を持ち、よく知っておかなければなりません。無関心からは何も出てこないのです。相手に対してもっと関心を持つことが必要なのです。

夫が喜ぶのはどういうときか

皆さんは、ご主人が毎日の生活の中で感動して喜ぶのはどういうときであり、逆に嫌がるのはどういうときかを考えてみたことがあるでしょうか。

人が感動するのはどういうときかを一度考えてみたいと思います。大抵の人は褒められたら喜びます。賛美されることはうれしいことです。

そして、自分がしてほしいと思っているときに真心でそれをしてもらったら、とてもうれしいものです。「阿吽《あうん》の呼吸」とよく言いますが、お互いの心が通じ合っているときほど、うれしいものはないのです。何よりも自分の気持ちを受け止めてもらっている、分かってもらっているという実感があるときほど、うれしいことはありません。

献身的で、犠牲的な愛に触れたら、どんなに心のかたくなな人でもうれしく感じるはずです。人は真実の愛に触れたら感動します。妻が夫のために一生懸命頑張っている姿は、とて

人が喜ぶとき	人が嫌がるとき
・心からの賛美	・信頼する人から騙されたとき
・真心に触れたとき	・強要されるとき
・時のときに時のことを行う	・利用されたとき
・真実に生きる姿	・愛する者から無視されたとき
・献身的犠牲的愛	・愛を失うとき
・許されたとき	・心情を蹂躙されたとき
・真の愛に触れたとき	・気持ちが分かってもらえないとき
・一途な姿	・批判や非難を受けたとき
・無私の心、姿　など	・人前で恥をかかされたとき　など

も美しく見えます。真実に生きる姿を見せられたら、感動するのです。無私の心で尽くされたら、人の心は解放されていくでしょう。

では、嫌だとか、不愉快だと思うのはどういうときでしょうか。信頼していた人から騙《だま》されるときや、信頼を失うとき、利用されたとき、無視されたときは、とても心が傷つくものです。無視されるということは、心情を蹂躙《じゅうりん》されることにもなります。

ご主人が真心を込めてやっていることに対して、いい加減に扱ってはなりません。それに見合うだけの精誠を込めて、対応しなければならないのです。

夫婦にとって最もつらいことは何でしょうか。

お互いの心情が通じ合わないことです。また、愛を失うことは、だれもがつらく感じます。夫婦の因縁が壊れたり、夫婦が別れるようなことがあれば、ショックを受けないはずがありません。

気持ちが通じない、分かってもらえない。批判、非難されるときも、うれしくはないものです。「あなた、稼ぎが悪いわよ」なんて、口が裂けても言ってはいけません。

人前で恥をかかされること、これは男性にとっては耐えられないことです。井戸端会議の話の種だとしても、決して夫の悪口を言ってはいけません。

女性は夫や子供を育てるために、耳と口を主管できる人にならなければなりません。口は禍《わざわい》の門です。言葉は、一旦口から出したら、二度と戻すことはできません。ご主人の前で感情的になって暴言を吐いて、あとで後悔しても遅いのです。

自分とご主人の人間性や性格について、よく分析してみてください。ご主人が嫌がることは何か、ご主人が喜ぶことは何か、一度、じっくり考えてみましょう。

そして、夫の嫌がることを一つでもなくし、夫を喜ばせること、夫が感動することを、たくさんしていくのです。

夫が悪いわけではない

それでは、歴史的な愛の恨みを解く道はどこにあるのでしょうか。ご主人の人格がどうであるかに関係なく、ご主人はカインの位置に立っているということを理解する必要があるのです。カインの背景には、天使長の霊界があるのです。そこに問題の鍵があると見なければなりません。

要するに、天使長が抱いてきた歴史的な恨みが、ご主人を通して表れてきていると考えることができるのです。ですから、ご主人を人間的に見て判断し、批判しても解決にはならないことが多いのです。

カインの位置は、天使長の立場を蕩滅する位置になっているのです。ですから、ご主人が皆さんにつらく当たるのは、個人的思い、人間的思いからではなく、歴史的な背景から来るカイン（天使長）の恨みをアベルの前に訴え、讒訴《ざんそ》しているということを理解しなければならないのです。

皆さんが闘う相手は、ご主人ではありません。ご主人は愛すべき存在なのであって、反目し合う存在ではないのです。その背景にあるカインの霊界こそが、皆さんが対さなければならない相手だということを理解したときに、解決の道が開かれていくのです。

天使長が持った恨みは、「愛されなかった」という愛の減少感から来る恨みです。皆さんに対するご主人の冷たい態度も言葉も、元を正せば、この愛の恨みから来ているのだと受け止めてください。

教会を批判している場合も、よくよく聞いてみると、文鮮明《ムンソンミョン》先生、あるいは統一教会に対してというよりも、「(妻は)俺のことも、家庭のことも大事にしてくれなかった」という不満から反対していることが多いのです。

多くの婦人が、ご主人から「俺と教会と、どっちが大事だ?」と問い詰められたことがあるのではないでしょうか。それは、裏を返せば、「俺は愛されていない。もっと構ってほしい、もっと愛してほしい」という心の叫びであることを知ってほしいのです。

世の中の誹謗《ひぼう》や中傷も、そういう観点から見るならば、カインの必死の訴えであると見ることができます。「アベルらしく、責任を持ってくれ!」と言っているのです。

この愛の恨みに対して、ご主人はどうすることもできません。それゆえ解放されないのです。「愛されなかった、愛してほしかった」という恨みは、「ために生きる」犠牲的愛でしか解くことはできません。愛して、尽くして、投入して、ひたすら誠を尽くすのです。その姿の中に愛を見ることができるようにしていくのです。

真の愛でご主人を愛し、身も心も夫に侍りながら尽くす妻の姿を見たとき、「どうしてそこまでするのか？　なぜ自分を犠牲にして俺のために尽くすのか」と、ご主人の心が動かされるのです。

そして、妻の愛に触れて、「ここまで愛されたことはなかった。もう文句はない」と満足したとき、「愛されなかった」というカインの恨みが解け、背後の霊界が解放されていくのです。そうなれば、反対する理由がなくなるのです。

ある婦人がご主人に反対され、教会に行くこともままならない状況になりました。その婦人は、ご主人を伝道するしかないと決意して、一つの精誠条件を立てました。ただ何も言わずに、ご主人に真心を尽くして侍ることでした。

その日から、ご主人が洗面所に行くたびにタオルを持っていき、「はい、あなた」と言って渡す毎日が続きました。無視されても、何の反応がなくても、諦めずに真心を尽くし続けて何か月もたったそうです。ある日、沈黙を守ってきたご主人がついに口を開いて、「おまえ、よくやった」と言ってすべてを許してくれるようになりました。

これが長子権復帰の姿勢であり、ご主人を解放させていく道です。カイン（天使長）の愛されなかった恨みを、「ために生きる」愛で解いてあげるのです。

ご主人は、皆さんに反対したくて反対しているわけではありません。多くの霊的背景を受けながら、そうせざるを得ない状況に立って苦労しているのです。そんなご主人を、「早く解放してあげないとかわいそうだ」という心情で取り組んでいくとき、さまざまな問題が整理され、解かれていくことでしょう。

愛の心で夫を喜ばせる

アベルの道とは、愛されなかったという歴史的な恨みを抱くカインに対して、一切の見返りを求めることなく、愛して、尽くして、投入していく道です。義務的にすることでもなく、ましてや嫌々取り組むことでもないのです。夫を自分に従わせようとすれば、夫は反発するでしょう。純粋にご主人を愛する心を持って侍り、ご主人に向き合わなければなりません。

私たちの心は、愛が流れてくる方向に向くようになっています。ご主人の心が、妻の方向に向くためには、その方向から愛が流れてくる必要があるのです。愛の心を抱いて生活しましょう。

文《ムン》先生は、愛の衝動感の中で生活していらっしゃると言われます。愛したいという衝動です。思いやりの心、労《いたわ》りの心、慰めの心、「ために生きる」心です。もっと良いものを与えたい、もっとその人のために生きたいという心です。愛は自動的にそのような心を発生させます。そして、そういう心になったとき、体は動くのです。愛する心があれば、その人が喜ぶものをつくり出そうとするのです。

私たちが真のアベルの位置に立つためには、日頃の信仰生活において、神様と私、真の父母様と私という関係を確立することが大切です。それが中心軸となって、夫との関係が確立されていくのです。

神様は原理原則を通して働かれます。夫に対する長子権復帰もまた、原理原則を立てて行うべきです。復帰ということを考えるとき、「時」と「条件」の二つの内容が大切になります。条件が満ちていても時が来ていなければ、時が来るまで忍耐して待たなければならないでしょうし、時が来ているのに復帰の道が開かれていなければ、条件が不足していると理解し、さらに精誠を尽くす努力が必要となるでしょう。

時と条件が満ちれば、復帰の道は必ず開かれていくでしょう。原理原則を立てながら、長子権復帰の道を歩んで行くならば、私たちの愛するものは、必ず私たちのもとに帰ってくることでしょう。

「彼らは敵の地から帰ってくると主は言われる」（エレミヤ書31章16節）

第四章　夫を伝道する

(一) 真の愛を探す夫伝道

夫が神様と親子の因縁を結ぶまで

伝道とは読んで字の如《ごと》く、「道を伝える」ことです。そして、「み言《ことば》」を伝えることです。伝道は、人が人として生きるためのみ言、神様と共にどのように生きるのかを伝えることです。つまり、み言の実体であられる真の父母様を伝え、神様を知らせ、神様のみ旨を知らせることです。

真の父母を伝える伝道の取り組みは、サタンの血統圏から神様の真の愛の血統圏に生み変える最も貴い聖業であり、人類救済の根本です。伝道しなければ人類救済の道はあり得ません。私たちが伝道することは、神様、父母様の中心的願いです。

ご主人は伝道対象者であると考えて取り組んでみましょう。ご主人を教会に連れてきたり、イベントや祝福式に参加させることも伝道ですが、無理に祝福会場に連れてきて聖酒を飲んでもらい、「聖酒を飲んで祝福を受けてくれた。夫伝道ができた」と喜んで、そのあとは何もしないとしたら考えものです。

ご主人が神様を発見し、「私は神様の息子だ」と自覚して、神様と親子の心情の因縁を取り戻す位置に立つまでは、夫に対して責任を持たなければならないのです。

皆さんは、自分を伝道対象者の救いに責任を持つ信仰の親であると考えてください。子供は親の愛と保護を受けて成長していきます。伝道するときには、親の心情に立ち、責任を持つのです。「どんなに苦労しても、健康に育てていく！」、このような心情で真剣に取り組めば、復帰の道が開かれていくのです。

祈祷、み言、負債のない生活

ご主人伝道に対しては、まず「夫を神様の息子、本来のアダムの位置に取り戻す」という目的意識をしっかりと持った上で取り組んでいく必要があります。

そのための内的備えとして、第一に「祈り」の取り組みが必要です。「伝道の効果は霊的四〇パーセント、原理三〇パーセント、実践三〇パーセントとして表れる」(『御旨の道』)とあるように、伝道には霊的力が必要ですが、それは祈りによって蓄えられていく力の効果が大きいのです。

草創期、先輩方は激しい迫害や世間の風当たりにも怯《ひる》まず、道を切り開いていかれました。その力はどこから与えられたのでしょうか。日々の祈祷によって与えられたのです。かつては毎週のように徹夜祈祷が行われていました。

最近は、活動時間に比べ、祈る時間が少ないという課題があります。「一日の十分の一は祈らなければいけない」(『御旨の道』)というみ言がありますが、祈祷はとても大切です。祈祷生活を充実するよう改善していくことが、天のみ旨に向かう準備となるのです。

第二に、「み言を生命視」しなければなりません。み言なくして、神様と万民の前に立ち、み旨を遂行することはできません。ですから、み言を生命視することが大切です。復帰は原理原則を立てて行われていくもので、蕩減を中心とした復帰の生活原理があることを知らなければなりません。

また、み言には礼拝や敬拝式に参加するのと同じような恩恵があると言われます。神様の霊が降りてこられるのです。み言を学ぶと、悔い改めに導かれたり、感謝の心が啓発されます。「真のお父様のために、もう一度頑張ろう」という思いが自然に湧いてくるのです。

私たちが生きていくときに、一週間飲まず食わずに仕事をし、全力疾走したり、畑仕事などを全部しようとすると、肉体は大変です。「み言は霊的な食物であり、祈祷は霊的呼吸である」と言われるように、み言という食べ物も与えないで霊人体をこき使ったら、疲れ果ててしまうのは目に見えています。霊人体には霊的エネルギーが必要なのです。

第三に、「負債のない生活」をしなければなりません。天の前にも、夫の前にも、負債のない生活をすべきです。

夫に対して負債があると、ご主人伝道は始まりません。負債を負わないことが最善なのですが、負債があれば、まず負債を清算するところから始めるのがよいでしょう。小さな条件でも精誠を尽くしていくことが大切です。

伝道には霊界の協助が必要です。神様や善霊界は、私が原理的な人間、つまりみ言の実体になり、原理的な生活ができるようになってこそ協助することができるのです。毎日の生活が伝道の取り組みに実りをもたらす条件を積む生活の日々だと考えて、感謝しながら精誠を尽くしていくことが重要です。
祈祷やみ言を生命視し、負債のない生活を徹底して準備した基台の上で、ご主人伝道の具体的な取り組みをしていきましょう。

心の距離を縮める授受作用を

夫伝道のための内的な取り組みができたら、外的な取り組み、つまり具体的な取り組みが必要になります。夫伝道は悩んだり考えてばかりいて実践しなければ、何の結果も現れません。「難しい」、「駄目だ」という思いが先に出てきて、止まってしまうことがあるのです。神様が共にあることを信じて、一歩前に歩み出す勇気を持ちましょう。

中でも大切な実践は、ご主人とのコミュニケーション（授受作用）を増やすことです。お互いの心にわだかまりがある場合には、少し勇気を出し、思い切って行動に移してみましょう。ちょっとした思いやりの行動が相手の心を動かすこともあるのです。善なることは率先して行うべきなのです。

ご主人に私たちの活動を理解してもらうことが必要ですが、そのためには、み言や神様について、よく理解していただく必要があります。そうしないと、ご主人は正しく判断することができないのです。

ある俳優の話があります。「毎日どんなに忙しくても、一、二時間は夫婦の会話の時間を取るようにしています」というのです。一般の夫婦も話し合い、お互いの事情を理解しようと努力しています。私たちの場合は、なおさら努力しなければなりません。ご主人とのすれ違いが多くなると、無理解が誤解に発展していきます。さらに誤解は不信に発展し、いろいろな問題が起きるようになるのです。

ですから、「授受作用」が必要です。会話やスキンシップの時間をもっと増やしましょう。心の距離、体の距離が問題です。触れ合いを通して心を通わせるのです。「心の距離は体の距離、体の距離は心の距離」なのです。

抱擁してお互いのぬくもりを感じたり、手をつないだり、肩や体をマッサージしたり、一緒に草むしりをしたり、ご主人の好きな釣りやゴルフも……。何かにつけてご主人と授受作用する時間を見つけ出すように努力しましょう。真心がこもっていれば、それほど多くの時間を費やさなくてもよいのです。

ある兄弟は、両親を伝道するとき、食事のあとで母親と一緒に茶碗を洗いながら、「お母さん、最近どう？　心配事はないの？」などと授受作用をしたそうです。面と向かって話すよりも、何か同じことをしながらだと話しやすいし、心が通い合い、深い理解が得られるようになったというのです。

夫や親に対してだけでなく、人との間で関係性を築くためには、心と心の距離を近くし、心を通わせていくことが必要です。互いに関係を結ぶことで、その絆はかけがえのないものになっていくでしょう。そのためにも、相手に関心を持ち、理解を深め、相手に尊敬の心を持って働き掛けていくことが大切です。

「侍る生活」を真心を込めて

ご主人伝道を成功させるためには、神様が取ることのできる具体的な条件が必要です。本当は本人（夫）が条件を立てるべきなのですが、その人がみ言も神様も分からないという場合は、私（妻）が代わりに条件を立てるのです。それは同時に、神様が働くことのできる私自身になるために、自分の中にあるサタンを分立していくという意味もあります。

『原理講論』によれば、信仰基台を復帰するためには「中心人物」、「条件物」、「数理的期間」が必要です。（『原理講論』278～280ページ）考えてみれば、私たちは何年も条件を立て続けてきました。何かあると、祈祷や水行、断食、コーヒーやケーキ断ちと、いろいろな条件を立てています。問題は、なぜ条件物が必要なのかが分からないまま、条件を立てている場合があることです。

信仰基台を立てるための条件物とは、「神様を愛しています」という信仰を神様の前に表すためのものです。神様はそれをご覧になって、取るかどうかを判断されるのです。そこには心情のこもった精誠が必要です。

後天時代に入った今、その条件もまた後天時代にふさわしい本質的な内容に変わっていかなければなりません。体を打つということも条件ですが、夫のために生き、愛することがもっと大きい条件となるのです。そのような生活を心掛けることが、さらに重要なことなのです。

大切なことは、「侍る生活」をしていくことです。侍る、「모시다《モシダ》」の精神で、神様、真の

父母様に侍るように、ご主人に真心を尽くしていくのです。それがご主人伝道のための取り組みです。

条件はまた、「継続する」ことが大切です。条件期間が過ぎたからやめるのではなく、成就するまで尽くし続けるのが、条件を立てるということです。私たちは条件期間が過ぎると、そこでやめてしまうことが多いのです。

さらに、形式的ではなく、「真心を込めて」実践することが必要です。ご主人は皆さんの言動を実によく見ています。心からなのか形式的にやっているのかは一目瞭然で分かってしまうものです。

条件の中でも最高の条件となるのは、「愛の実践」です。神様のために生き、み旨のために生き、そして夫のために生きるのです。神様とみ旨のために全身全霊を尽くして生きるように、夫のために全身全霊を尽くして愛を実践しましょう。

笑顔、あいさつ、手紙、整理整頓

具体的な愛の実践例を挙げてみます。

夫の前に出るときは、必ず「笑顔」で出ていきましょう。「夫を喜ばせたい、安心させたい」。だからいつも笑顔で夫の前に立つのです。男性は、眉間に皺《しわ》を寄せた険しい顔ではなく、優しい笑顔の妻の前でほっとします。

頑なな心を開くコツは、〝賛美〟することです。賛美上手になりましょう。賛美されて心を閉ざす人はいません。それから「あいさつ」です。「あなた、おはようございます」、「あなた、おやすみなさい」と、笑顔であいさつしていますか。

私たちに必要なのは、「心情的生活」です。「喜び」が中心になっていなければならないのです。「心情」は、「愛することを通して喜びを得たい」という情的衝動です。心情的な生活は、苦労や困難があっても、そこには「喜び」があるのです。ですから、力が与えられるのです。義務感や使命感だけでは、いつまでも続かないでしょう。互いに思いやる愛の心こそが永遠性を持たせてくれるのです。

「何を話してよいか分からない」という方、「話し掛けても返事がないので授受作用にならない」という方の場合、「手紙を書く」ことから始めるのもよいでしょう。携帯電話のメールを利用してもよいのです。毎日の歩みの中で心に感じたことを、夫にそっと伝えてみたらどうでしょうか。

気をつけなければならないことは、良くも悪くも、文字にしたものはのちのちまで残るということです。

夫伝道に取り組んでいる婦人たちに、何度か短い手紙文を書いてもらったことがありますが、表現不足の手紙がとても多いことを感じました。夫に出す手紙は、相手の気持ちを思い、感謝の心を表したり、賛美するような内容が良いのではないでしょうか。

ほかにも、ご主人が居心地良く過ごせるように家の整理整頓をしたり、ご主人の好物を作ってあげたり……。いろいろな方法で、毎日、ご主人と必ず授受作用していくのです。意識を持つことでさまざまな改善を呼び起こすことができるのです。

伝道は愛を探す運動

「私たちが原理で伝道するのは、愛を探す運動をすることなのです。心情の世界は時空を超越します。み言も祈祷も究極には愛のためのものです。完成は、愛の理想をなすことです」（『牧会者の道』ＰＤＦ版６５９ページ）

伝道を通して、私たちは愛を探す運動をしています。み言を訓読するのも祈祷するのも、真の愛を探すためです。真の愛を探し出し、地上天国を実現するのです。み旨として取り組む内容は、すべてここにつながっています。

夫や子供、親戚の人たち、友人・知人、近所の人など、因縁のある人たちを伝道するのです。そのためにいろいろな条件を、すでに立てている方もいるでしょう。そうであるならば、その基台の上に、早く人が伝道されてこなければなりません。すでに多くの人たちが、伝道されるための準備をして待っているのです。

皆さんの家庭においても、すでに機は熟しているのです。夫伝道の「時」も子女伝道の「時」も熟しています。

ですから今、実践しなければなりません。すべてに時があります。その「時」とは、十年後でも五年後でもなく、今なのです。あとは実践だけです。人間の五パーセントを尽くして蕩減復帰の道を歩んでいけば、準備された人たちがみな復帰されるようになっています。

夫伝道を、初めから難しいと決めつけないで、真心から精誠を尽くしていけば、必ず夫の心に届くことを信じて取り組んでみてください。皆さんの今までの苦労は、何のためにあったのでしょうか。それは、すべて皆さんの大切な人に必ず実っていくようになっているのです。私たちがみ旨のために歩んだすべてのものを家庭に連結していくのです。

私たちは復帰の道を歩んでいます。そこには「蕩減」という原則があります。「統一教会に入っていちばん嫌な言葉は何ですか」と真のお父様から質問を受けたとき、多くの教会員が「蕩減です」と答えました。蕩減と聞けば、苦しいイメージがあるかと思いますが、蕩減の本当の意味を知ってみれば、最も感謝すべき言葉なのです。

私たちが行かなければならない蕩減の道は、神様を愛し、神様の心情を追体験する道です。神様が親として堕落人間の罪をつぐない、たどっていかれた犠牲の道を、涙ながらに慕っていくのが蕩減の道です。

それゆえ蕩減について真のお父様は、「統一教会の中において最も美しい言葉である」と語られ、「『蕩減さん、私はあなたを誤解してきました。あなたは私にとって最良の友です』と蕩減と仲直りしなければなりません」(「蕩減の歴史的基準」)とおっしゃったことがあります。

夫や子供の問題を抱えて苦しみの絶頂の中、「神様もこんなに悲しい、胸が押しつぶされそうな心情で歩んでこられたのか」と実感したときに、私の頬を伝う涙は、神様の流された涙と一つに重なっていくことでしょう。我が身を嘆くのではなく、神様を慰めていくとき、神様の「恨《ハン》」は解けていくのです。

否定される時こそ、神の心情に触れる絶好のチャンスだと思うのです。そのようにして私たちは神様の心情を復帰していくのです。

(二) 夫伝道の取り組み

夫のために時間をつくる

夫伝道は、私たちが理想家庭を建設し、み旨をなしていくための最低必要条件として取り組む必要があります。「伝道できましたか?」と尋ねると、「時間がなくてできませんでした」と多くの教会員が口々に答えます。

毎日み旨に取り組む私たちは、夫や家族のために時間を割くことは簡単ではありません。しかし、夫や家族を天につなげていかなければならないのです。

忙しい皆さんだと思いますが、「時間がないからできなかった」と考えるのではなく、「どうしたら時間を取ることができるか」と考えるべきだと思うのです。例えば、いつもより十分早く起きたり、十分早く片付けを済ませて、その時間を夫のために投入してみることはできないでしょうか。たとえわずかな時間であっても、そのような精誠の積み重ねは、必ず一か月、半年、一年後には大きな実りを結ぶようになるでしょう。

「私」が精誠を尽くすことによって「夫が神様の息子になる」と考え、愛していくのです。時間がないからできないのではなく、時間を取ろうとしなかっただけだと考えて、夫のために生きる時間をつくるのです。

ある人は時間ができたにもかかわらず、「伝道しよう」と思った瞬間、ためらってしまったといいます。自分の信仰生活の中で、「楽しかった」こと以上に「大変だった」という思いが強く残っている人は、伝道したら、この人もそのつらさを背負ってしまうのではないかと思い、思わず心が止まってしまうというのです。

しかし、思い出してください。皆さんが伝道され、私たちの父母であられる神様の愛を実感した時のことを。その喜び、感動は何ものにも代えられないものではなかったでしょうか。この喜びを愛する人々に伝えたいという、ほとばしるような衝動を覚えたのではないでしょうか。このような体験を、日々重ねていく必要があります。

「霊界に行けば、誇ることとは、伝道しかないというのです。霊界では、お金をたくさんもうけたということは、誇る内容になりません。……生命をどれほど生かしてあげたのか、これが誇りです」（『牧会者の道』ＰＤＦ版６６０ページ）

やがて私たちがこの地上の生活を終えて霊界に行くとき、すべてが明らかになります。ずっと反対し続けたご主人であっても、生涯を終えて霊界に行ったときには、文鮮明《ムンソンミョン》先生がメシヤであること、妻がその方に侍って一生懸命み旨に投入してきたことが分かるのです。

そのとき、自分が反対したために妻が信仰を失ったり、夫伝道をあきらめたりしていたら、夫は「おまえ、どうして途中で諦めてしまったのか」と悲嘆に暮れるでしょう。しかし、夫からの反対にもめげずに頑張り続けたら、「あんなに反対したのに、よくぞ頑張ってくれた。おまえのおかげで、私は今大きな恩恵を頂いている」と感謝されるのです。

永遠の世界で、悔し涙に暮れるか、逆に喜び、笑うことができるか。そのことを考え、どんなに厳しくても忍耐して伝道し、その人の生命を生かすことに精誠を尽くしていくことが大切なのです。

氏族的メシヤのみ言を聞いたある方は、友人、知人、親戚など、とにかく縁のある人すべてを対象に「メシヤ宣布」をしたそうです。会いに行けない人にはダイレクトメールで真のお父様を証し、入会書まで送ったのです。その人たちがやがて霊界に行ったとき、「おまえはメシヤを知っていたのに、なぜ私に教えなかったのか」と言われないように、この地上で条件を立てようと思ったそうです。

そして伝道を進める中で、反対すると思っていた人が入会してくれたり、必ず理解してくれると思っていた人が真っ向から反対してきたという結果を見て、「人間的知恵で計ってはいけない」と悟ったそうです。「この人はいい人だから伝道しよう」とか「難しそうだからやめよう」とか自分で判断せず、神様と霊界に委ねて、すべての人を伝道する姿勢を持たなければならないと感じたのです。

だれも一瞬先のことは分かりません。時が与えられている間に、なすべきことをすべきです。夫伝道も時を逃してはいけません。数カ月後にご主人が病気になる、あるいは明日事故で亡くなるということは、あり得ないことではないのです。

今は霊界の聖人、義人、善霊人たちが再臨協助しようと待ち構えている時代です。天と地の責任分担が果たされたなら、考えられないような素晴らしい現象が起きる時代です。

あとは地上での私たちの決意、真剣な取り組み、実践によるのです。希望を持って取り組んでいきましょう。

伝道のステップ

私たちは、家族や親族など血縁関係のある人たちをはじめ、友人・知人、家庭訪問や街頭で出会う人など、さまざまな人々と因縁を持っています。血縁関係にある人々は「アベル的氏族圏」、その他の人々は「カイン的氏族圏」に、それぞれ属します。これらの人々はみな伝道対象者です。

まず伝道対象者を「リストアップ」すべきです。その伝道対象者リストの最初に来るのは、もちろんご主人でなければなりません。

それらの人々は、例えば、三カ月以内に伝道できそうな人、半年や一年かけて伝道したほうがいい人など、タイプ別に分け、それぞれ「伝道ノート」を作るのがよいでしょう。

リストアップができたら、一人一人のために毎日祈ることが必要です。教会では伝道のためのイベントが企画されていますので、対象者に合わせて活用しましょう。

すんなり伝道される人もいれば、そうでない人もいますが、温め育てて、時が来たら教育ラインに乗せていくようにしたらよいでしょう。

み言の教育が修了する前後には信仰教育をします。礼拝に参加することや、祈祷、敬拝、訓読など、信仰者としての基本的なことを共になしながら、習慣化していくことが大切だと思います。そうすれば、信仰生活の重要な目標が「祝福」であることが自然に理解できるようになります。

こうして神様、真の父母様との出会いを体験しながら祝福につながっていきます。夫婦そろって祝福を頂いたなら、祝福中心家庭として夫婦で出発することができるのです。

それぞれの担当者や責任者とよく相談しながら、ご主人をいつ、どのような形で、伝道したらよいのかを検討し、いちばん合ったところにつなげていくのがよいでしょう。天と一つとなって、やる気と計画性、実践力を持って歩めば必ず導かれ、道が開かれていくと思います。

夫伝道の取り組みのポイント

①決意

夫伝道について真剣に「決意」しているでしょうか。「どうせまた駄目だろう」と諦めたり、「いつかやろう」と思っていたら夫伝道は始まりません。「絶対に夫を伝道する！」という決意と熱意を持って取り組みましょう。

心が決まったら、具体的な「目標」を決めます。例えば、「一年で夫を伝道する」と決意したら、徹底して計画を練り上げるのです。「きょう何をするか」ということを明確にして取り組むことが必要です。

何となく「頑張ろう」では流れてしまうでしょう。明確に具体的に「いつまでにこうして、こういう結果を生み出そう」と決めて取り組めば、やがて実っていくはずです。

②継続

取り組みは「継続」しなければなりません。中途半端で終わるのがいちばんよくありません。途中でやめると、それを見ていた夫はどう思うでしょうか。それがたとえ一年がかりであったとしても、二年かかるものであっても、絶対にやめてしまってはいけません。継続です。二年かかろうが三年かかろうが、絶対に諦めないことです。諦めることを知らない信仰者になりましょう。

ご主人の反対が強くなることで絶望してやめたり、逆に良い方向に向かうことで安心してやめたりすることがありますが、ご主人の状況で変化してはならないのです。信念を曲げず、伝道できるまで投入し続けるのが、夫伝道に向かう私たちの姿勢であるべきです。

ご主人は皆さんの言動をしっかりと見ています。常に見られていると思って、夫がいないときも手を抜かないようにしましょう。ある婦人は、単身赴任している夫のために毎日、家で食事するときに〝陰膳〟を捧げてきたといいます。夫がいてもいなくても、精誠を尽くすようにしているというのです。いつも何かを通して、夫と心情を共にしている実感を持つことは、とても大切なことだと思います。

子供を身ごもった女性は命懸けで子供を守ります。産みの苦しみがどんなにつらくても、「おぎゃあ」という産声を聞いたとき、そのつらさは霧のように消え、その喜びは比べようもありません。ご主人を本然のアダムへと生み変える喜びを希望にして頑張りましょう。

③管理

次に、継続するためには「管理」する必要があります。皮算用では駄目です。教会に、皆さんの歩みを常にチェックしてくださる方がいたら、いつもその方に報告し、相談しながら取り組むことができるので歩みやすくなるでしょう。

その前に自己管理することが大事です。「自己問診票」（160ページ）に記録しながら、一、二週間に一回、責任者にチェックしていただくとよいでしょう。

このようなことを自分で管理していくのは、ご主人との関係を改善していくためです。「昨日よりも今日、今日よりも明日」と、復帰の階段を着実に一段ずつ上がっていきましょう。一つの段階で勝利基準が立ったならば、さらに次のレベルへ上がっていってください。

④伝道はより「効果的」に

実践するに当たって、無駄なことを省き、より「効果的」にすることが重要です。

孤軍奮闘するより、近くの理解者と一緒に夫伝道に取り組むほうがより効果的です。壮年部などにも「夫伝道のために力を貸してください。知恵を下さい」と協力を仰いでみてはいかがでしょうか。同じ立場で歩んでいる壮年のほうが、ご主人の気持ち、心情を理解し、良いサポートしてくれることが多いものです。

また、教会でのさまざまなイベントを最大限に活用しましょう。男性は政治や経済、国際情勢のように外に向かっていくのが好きな傾向がありますから、時局講演会や平和運動など社会的活動が合っているかもしれません。

そのほか、釣りや囲碁、ゴルフ、登山などのご主人の「趣味」に働き掛けるという方法もあります。趣味に興じながら、間接的にでも、お父様の思想や活動内容について自然に学べるような配慮も必要です。無理に押し付けてみ言を学ばせようとするのは、逆効果になることがあります。

そのためにも、日頃から夫に対して関心を持たなければなりませんし、統一運動に対しても関心を持つ必要があります。また、一般には統一教会に対する批判的な情報があふれているので、夫に良い情報を先に与えられるよう、教会の機関誌類や書籍なども活用しましょう。

二年、三年と時間をかけてこじれたものは一か月や半年くらいでは、なかなか解けないことがあります。夫伝道には、ある程度「時間」がかかることを理解したうえで取り組んでいくことが必要です。やり方が間違っているとさらに難しくなっていきますので、よく確認しながら誠意を持って取り組んでいくことが必要です。表面的な取り組みでは、ご主人はすぐに分かってしまいますので、決して〝義務的〟にならないように心掛けましょう。必ず夫を伝道するという「信念」と「計画性」と、心からの誠意こそが勝利の秘訣《ひけつ》です。

夫の価値を見いだす

だれしも、相手が自分よりも価値がないと感じたら、情は流れて行かないものです。相手が自分よりも素晴らしい価値を持っていると感じたとき、情は流れ出すのです。

相手に価値を見いだしていくためには、〝投入〟しなければなりません。投入し、また投入して、自分以上のすべてを投入していくとき、相手に自分以上の価値を見いだしていくことができるのです。

「あの人が問題だ」と言って、自分のなすべき責任を忘れていると、ご主人に対する愛情が損なわれてしまいます。常に努力することが必要なのです。

授受作用を繰り返していくと、愛する力が生まれてきます。諦めないで、こつこつと愛の実践を続けていけば、情は復帰できます。初めから本然の情がある人は誰もいないのです。

「時」が満ち、「条件」が満ちてきたら、失った情の世界が開かれてきます。ですから、私たちには忍耐が必要です。希望を持って準備していきましょう。

喜びがなくて力が出なくても、原則を死守していけば、時と条件が満ちたときに失われた情が復帰されていきます。ご主人を愛する情の世界が必ず生まれてくるのです。

《自己問診票》（できた項目に○をつけましょう）

1 朝起きて、ご主人と子供たちに挨拶ができましたか（　　）
「おはようございます」「今日もよろしくね」「行ってらっしゃい」「気をつけて」など、心地良い言葉を投げかけることを忘れないで。

2 朝夕、笑顔で挨拶できましたか（　　）
仕事帰りのご主人を笑顔で迎えましょう。笑顔が大切です。

3 ご主人のため、真心を込めて食事を作れましたか（　　）
おいしい物は心を開放してくれます。真心のこもった食事を食べて心を閉ざす人はいません。心がオープンになれば、すーっと入っていけるのです。

4 掃除、洗濯、部屋の整理整頓などはできましたか（　　）
部屋が汚いと夫は敬遠します。

5 ご主人と授受作用しましたか（　　）
思いやりのある、優しい、柔らかい言葉を掛けていますか。賛美していますか。ご主人に素直に「ありがとう」と感謝していますか。自分の言いたいことばかり言わないで、ご主人の話を聞いていますか。ご主人に対して乱暴な口をきいたり、ぞんざいな言葉遣いをしていませんか。敬語が自然に出てくるようにできる限り努めましょう。

6 ご主人とスキンシップができましたか（　　）
スキンシップは大切です。マッサージや抱擁、愛情あふれる接吻など、ちょっとした行為がご主人の心をほぐしてくれます。

〈次ページにもあります〉

⑦ 四大心情の実践ができましたか（　　）
ご主人の心の状態を見ながら、「きょうは母の心情で安らいでもらおう」「娘のように甘えてみよう」「妻として献身的に尽くそう」など、多様な立場の情でご主人に接してみましょう。

⑧ 父母様に侍る心情で、ご主人に侍ることができましたか（　　）
ご主人との関係は、神様と私との縦的関係を横的に展開したものです。神様と真の父母様を愛し尊敬しているとしたら、ご主人に対しても同じ心情で侍り、愛し、尽くしていかなければなりません。

⑨ 夫婦生活の改善がなされていますか（　　）
　部屋のカーテンや明かり、箪笥の配置、寝間着など、ちょっとした工夫で雰囲気は変わります。ご主人が妻を喜びの情で愛したくなるように努力しましょう。

⑩ ご主人のために毎日祈祷していますか（　　）

⑪ 神様とご主人の前に負債のない生活ができていますか（　　）

⑫ 教会の責任者と一体化できていますか（　　）
天とアベル圏につながっていることが大切です。

⑬ 夫伝道の取り組みについて相談できていますか（　　）

⑭ 反省と決意の生活ができていますか（　　）

○はいくつありましたか。
毎日努力して○を増やしていきましょう。○が増えるごとに、ご主人の心が変わっていくことを信じ、希望を持って、すべてが○になるまで続けていきましょう。

第五章　良き妻となる

(一) 妻としての心得

これまで原理的な観点から夫婦の在り方や家庭について学んできました。まず神様の前に一人の信仰者として、天の娘として立つことが必要であり、夫の前には〝良き妻として〟立つことができなければ、理想の家庭を目指すことができないことを確認しました。

では、どのようにして〝良き妻〟、そして〝良き母〟となるかを、大母《テモ》様が「第十次入籍21日婦人修練会」（二〇〇一年三月二十一日）で語られたメッセージを中心に整理したいと思います。

信仰生活において私たちは動機を、真の父母様に置くべきです。父母様のようになる（似る）ことが、私たちの目的なのです。それが信仰生活、家庭生活の原点であることを理解しましょう。

夫婦は、それぞれ育ってきた環境が違うのですから、当然、いろいろなことが起きてくるでしょう。そのようなときには、真の父母様を心情の中心に迎え、動機を正して、「この人がいなければ、私の救いも完成もあり得ない……」と思うようにしなければなりません。

そのためにも「絶対信仰、絶対愛、絶対服従」の生活をしなければならないと、大母様は言われます。そのことについて語られたメッセージを中心に整理してみたいと思います。

「絶対信仰、絶対愛、絶対服従」の生活

①「絶対信仰」の基本的生活は、敬拝、礼拝、十一条

今は天一国時代であり、天一国の民として入籍していく時代を迎えています。この時代に生きる私たちは、サタンに讒訴《ざんそ》されない生活をしなければなりません。それが「絶対信仰、絶対愛、絶対服従」の生活です。

家庭において、その要となるのが、女性の皆さんなのです。妻として、母としての責任の一つが、神様と父母様の前に絶対信仰を立てることです。

真のアダムである真のお父様の前に完全な相対圏に立ち、絶対信仰の歩みをなさなければなりません。そして、天使長の立場にある夫を復帰しなければならないのが、皆さんの役割

です。

神様と父母様の前に行う毎日の敬拝式と、礼拝への参加、十一条を天の前に捧げることが、天に対する絶対信仰の基本です。そのような生活をなしていくときに、自分と神様をつなぐ道が現れ、神様が私に働かれ、保護してくださるのです。夫と手を携えて天一国に向かうためには、神様が働いてくださる自分にならなければならないのです。

②「絶対愛」は感謝する生活から

「絶対愛」について大母様は、「感謝する生活から始まるのです」と語られています。妬みや憎しみ、血気、偽り、不平不満の心など、サタンは私たちに、霊的に四六時中働き掛け、心の中に不信の思いを植え付けていくのです。

不信の思いが一旦蒔《ま》かれると、勝手に繁殖していくようになります。やがて不平不満の思いがいっぱいになり、相手を讒訴《ざんそ》するようにまでなるのです。

「不平不満はサタンの芽である」と真のお父様がおっしゃるように、不平や不満の思いが出てきたら、直ちに心の中から取り除かなければならないのです。

「感謝の心」は一朝一夕には生まれません。いつも意識して、努力することが必要です。「私には無理だ」と思う心が、サタンの働きだということを知らなくてはなりません。

み旨を成就するためには、しっかりしなければなりませんが、賢い妻は、性格を少し柔らかくし、心も姿勢も低くして、すべてを感謝していきます。すべてを甘受し、感謝していくところから、絶対愛が始まるのです。ですから日々感謝する生活をしていきましょう。

その感謝の心は、「私は天の前に罪人である」という自覚、謙虚さから生まれます。「罪人として裁かれるべき自分であるにもかかわらず、神様と真の父母様の愛と赦《ゆる》しによって生かされている」。

赦され難い私が、神様の愛によって生かされていると自覚することができたときに、感謝の心が生まれてくるのです。

③「絶対服従」とは自分をなくすこと

次に「絶対服従」です。「服従」という言葉は、あまり良い印象を受けませんが、奴隷のように服従するという意味ではありません。力ずくで従わされれば、反発が出てきますが、絶対愛で愛されるならば、そこには喜びが生まれてくるのです。

絶対服従の前には、必ず絶対愛があります。ですから、「絶対信仰、絶対愛、絶対服従というこの順番は変わってはいけない」と言われるのです。

大母様は、「絶対服従とは自分をなくすことだ」と教えておられます。自分があればあるほど服従するのは難しくなりますが、自分をなくして、ために生きる心、与えようとする心でいっぱいになったら、自ずと絶対服従が出てくるということです。

絶対信仰、絶対愛、絶対服従は、神様の前に敬拝し、礼拝を捧げ、十一条を守ったうえで、感謝する心で自分をなくし、ために生きる生活を実践するところから始まるのです。

愛と美の調和で生まれる理想の夫婦

理想家庭になるためには、二つの要素が必要です。夫の持つ主体としての絶対的な愛と、主体に返そうとする対象としての妻の絶対的な美です。主体の愛と対象の美とが、神様を中心として授受作用することによって、理想の夫婦、理想家庭が生まれるのです。

どちらが欠けてもいけません。それゆえ、夫を絶対的な愛を与える主体者として育て上げることが必要になるのです。

女性の皆さんは、み旨の前では歴戦の勇者であったとしても、家庭に帰れば、献身的な妻、慈愛深い母として立つべきです。一日中、戦闘モードでみ旨を歩んでも、家に帰れば、エプロンに着替えて、主婦の優しいまなざしで玄関に入らなければなりません。自分をなくし、ひたすらために生きる献身的な妻とならなければならないのです。心から夫を愛し、仕え侍る妻となれば、夫の心は妻に向き合ってくれることでしょう。

「主体である夫が私（妻）を愛するべきだ」と言っていたら、いつまでも理想夫婦へと向かうことはできないでしょう。神様を愛し、父母様を愛するように、自分の夫を愛するのです。

夫に対して姉、妹として、またどんな過ちも受け止める懐の深さを持った母として、あるいは相談に乗れる友人として、そんな四大心情圏の愛で夫に対していくとき、真の理想家庭を成就することができるのです。

夫や子供は、家庭に何を求めているのでしょうか。それは〝安息〟です。安息のあるところに夫や子供は集い合うでしょう。ですから、あらゆる角度で夫の前に立つことのできる最高の妻となるよう自分を磨き、家庭を安息の場にしなければなりません。そうなれば夫は喜んで家に戻ってくることでしょう。

「もっと家庭的な夫であってくれれば」と嘆いている方、もしかしたら家庭的でない夫にさせているのは、ほかならぬ自分自身なのかもしれません。そうでなかったとしても、私の責任だと思って、夫と子供に対して愛を投入していくように努めることが大切です。

どのようにしたら理想の家庭に近づくことができるのかを考え、真の家庭になる生き方を知り、それを実践するのです。喜びにあふれた幸福な家庭を成し遂げたとき、初めて天国が訪れるのです。天国は、私たちの家庭の基盤の上になされるのです。

女らしい女性になる

①身も心も柔らかく

良い妻になるために、女性的性格や仕草、表情、役割など、内面的な女らしさづくりを心掛けましょう。優しく従順でかわいい妻ならば、夫の心は放っておいても、すーっとそちらに向き、情が流れていきます。

優しくしないと、夫は寄り付きもしません。努力なしには、夫の心を自分につなぎ止めておくことはできないことを知ってください。

大母様《テモ》は、「心も態度も、言葉遣いも皮膚も、絹の織物のように麗しく、柔らかい妻でありなさい」と言われます。硬くてざらざらした妻の肌に、夫は触れたいと思うでしょうか。肌を柔らかく手入れするのも、夫のためにする心で取り組んでください。

服装も柔らかく美しくしましょう。「自分の妻だけは美しくあってほしい」というのが世の夫たちの願望です。男性と女性ではファッションのセンスも異なりますが、自分の好みに終始するのではなく、夫の目から見て好ましい装いをすることもポイントです。

表情も大切です。しかめっ面は夫の前では禁止だと知りましょう。眉間に皺《しわ》……、夫には何の魅力もありません。表情に問題がある人は、大抵、性格（心の在り方）に問題があるというのです。ですから、性格を良くする努力をしなければならないこともあるのです。

感謝できなかったり、喜びがなかったり、不平不満の心を抱いたりしていれば、それはやがて言葉に表れ、行動に表れて周りを傷つけてしまうことでしょう。許しの心を持って、夫を受け入れることができるよう心掛けることが大切です。

②言葉遣いも柔らかく

思いがあふれて言葉となって出てきます。夫を愛さず、信じず、尊敬もしない妻が取り繕って言葉を発したとしても、夫の心には響きません。夫を愛したくて愛したくて、どうすることもできない思いが脈打ってこそ、柔らかく優しい言葉が出てくるのです。そのような言葉が夫の胸を打たないはずがありません。

夫がそばを離れたくないと思うくらい心地良い空間をつくりだす、それが妻の役割なのです。

③夫を頼もしく思う

夫を頼もしく思っていますか。ご主人に対して、「あなたって頼もしいわ、さすがね」と自然に言えるようになれば、夫は誇りを持てるようになるものなのです。

④天の皇族として洗練された行儀作法を

「親しき仲にも礼儀あり」。夫婦はいちばん近い関係ですが、さらに深みのある夫婦になっていくためには、夫への侍り方も洗練されるべきです。思慮深さも必要です。気品は態度や行動にも表れます。私たちは天の皇族として、天一国の民として登録されなければなりません。天国の民としての行儀作法をきちんと身につけなければならないのです。

⑤夫にも尊敬語を使う

夫を尊敬しているならば、夫にも尊敬語を使うべきではないでしょうか。相手を尊敬する心は、相手の信頼を勝ち取る重要な要素です。天の娘であるならば、そのような立ち居振る舞いにも気を配ることが必要です。

(二) 夫への尊敬と感謝

「男らしさ」をアピールしたい夫

ところで、男性とはどういう存在でしょうか。男性にもいろいろなタイプがありますが、基本的な性質があります。

どんなに女性的な男性であっても、自尊心があります。〝男のプライド〟というものです。威張っている割には、実は男というのはとても傷つきやすいデリケートな存在なのです。何気ない一言で傷ついてしまうことは珍しくありません。ですから、うっかりけなしてしまうことがないよう気をつけなければなりません。

では、男らしさとはどこに現れるのでしょうか。外的に見れば、男らしい体、髭《ひげ》、筋肉（力）などです。男性には、妻子を守り、一家を支えているという自負心があります。男性の身体的特徴を非難したり、馬鹿にしたりしてはいけません。

また、面と向かって非難されると反発するのは当然ですが、人前で恥をかかされたり、欠点をあげつらわれることをとても嫌がります。

そのほか、男性的能力が要求される事柄に対して批判することは慎みましょう。例えば、運転や大工仕事、野球や釣りなどのスポーツなどで、そのことに無関心だったり、夫の技量を見くびったりしてはいけません。「さすがね、頼もしいわ」と感謝し、賛美することで、夫は自信を持つことができるのです。

夫の決断力や意志の強さ、積極性、指導力を認めてあげれば、夫は自分が一家の大黒柱であるという自覚がもてるのです。

夫には「俺が妻子を養っている　家族を守っている」というプライドがあることをよく知ってください。

「妻にすべてを委ねよう」と思うのは、あくまでも自分が男性として、夫として信頼され、評価されているという確信がある場合だけなのです。

命の種を持つ夫の貴さ

夫が貴いのはなぜでしょうか。ハンサムだからですか。稼ぎがいいからですか。性格がいいから、能力があるからでしょうか。

真のお父様は、「真のアダムの価値は何か。生命の種を持っていることである」と話されたことがあります。

女性は例えれば、畑です。どんなに素晴らしい畑でも、生命の種が蒔《ま》かれなければ、生命は芽生えてきません。生命の種を持っているのが男性です。そこに男性の価値があるのです。

顔がまずくても、稼ぎが悪くても、性格が少々ひねくれていても、夫は生命の種を提供してくれる唯一の方です。ですから感謝なのです。夫がいなければ、神の血統を生み出すことができないのです。

神様は、愛の対象を得るために人間を創造されました。アダムとエバを創造するとき、完全投入されました。投入して忘れ、また投入されたのです。

神様がアダムとエバを愛することができたのは、アダムとエバに完全投入されたからです。

夫に価値を見いだそうと思うなら、投入しましょう。真のお母様も語っておられます。「真の愛というのは、与えて与えて、与えて、与え尽くして、忘れる。そして、さらに与えていく愛を言うのです」と。

投入して忘れて、さらに投入していくのです。対象がなければ愛も価値も現れないのですから、夫にはただただ、「あなた、ありがとう」と言うしかありません。

良き妻として立つために

夫を心から尊敬し、夫婦の信頼関係をつくらなければなりません。まずは夫を全面的に受け入れましょう。

妻は、夫の欠点を見ず、長所を見るのです。長所を見つける努力をしなければなりません。特に女性は嫌な部分が目に入れば、それで全部が嫌になってしまう傾向があります。

しかし、真のお父様はどうでしょうか。お父様は私たちの持つ創造本性を探して、そこを中心として愛してくださるのです。

同じように、妻は夫の中に、神様が愛する部分を見つけ、そこを中心に愛して授受していくのです。そうすれば、夫は妻を信頼するようになるでしょう。

積極的に夫の素晴らしいところ、神様に愛される部分を探して心から賛美しましょう。惜しみなく与え、尽くし、ために生きることです。

また、他人の欠点を暴露したり、スキャンダルを言いふらしたりすることもいけません。直接夫を批判しなくても、妻が他人を批判するのを見れば、「妻の目には俺もこう映ってるのかな」と疑心暗鬼になってしまい、妻に心を許すことができなくなります。

夫の話をきちんと聞いて受け止めてください。相づちを打ちながら授受作用しましょう。「それは分かるけど、でも……」、こういう思いは捨てるのです。我を出せば、神様が働くことはできません。神様が働けるのは自己否定（自らを謙虚にしていくこと）するところです。

「夫を育てるのは妻の責任」、「妻を最高の妻にする責任は夫が持っている」のです。夫を最高の夫にすれば、最高の妻として栄えることができるのです。夫という主体があり、妻という対象があってこそ、互いに完成することができるのです。

夫婦の愛から愛の理想世界へ

夫が伝道されて、夫婦関係が改善されていけば、夫婦は互いに祈られていることを実感するようになります。互いを神様のように侍り合うことができるようになり、相対を通じて見えない神様が見えてくるようになります。

二人が一つになってこそ、神様の姿に似るようになっています。一人ではどんなに頑張っても不十分なのです。完璧な姿にはなれないのです。

相対圏を得て、完全に霊肉が一つになって神様の似姿になっていくのです。肉的喜びと霊的喜びが共鳴する、それが夫婦生活だというのです。

ですから夫婦生活は、プラトニックな愛だけで成り立つものではありません。生殖器を中心として一体となり、そこに心情と愛が一つになり、霊肉が完全にスパークして一つになるところに最高の喜びが生まれます。その夫婦愛に、神様が占領されます。そして夫婦も神様の愛に占領されて、愛の喜びを知っていくのです。これが本来の夫婦生活の基準です。

夫婦生活は、神様と出会う場です。本性の愛が満ちてくれれば、女性は、夫が真のお父様のように慕わしく感じられ、男性は、妻が真のお母様と重なるように感じられるようになります。夫婦生活を通して、真の父母様を実感するようになっていくのです。

そして、夫婦の本然の情が復帰されて、万民を愛する愛が生まれます。夫一人を愛することが万民を愛することにつながるのです。

このような基準に至ることが、私たちの目標です。そのような夫婦になるために、そのような家庭を築くために、夫伝道をするのです。本然の理想の姿に戻っていくためには、必ず相対が必要であり、その相対こそ永遠の主体者である〝夫〟だということを忘れないでください。

第六章　夫婦生活の芸術化

㈠ 夫婦として目指すべき姿とは

夫婦は一緒にいるのが自然

皆さんの夫婦生活はうまくいっているでしょうか。かつて私は、ブラジル・ジャルジンでの「世界平和と理想家庭のための40日修練会」（ジャルジン修練会）に参加して、真の父母様から貴重な教えを頂きました。「夫婦は一緒にいることが自然だ」というものです。

そこでは、朝目覚めた時から夜寝る時まで、妻がずっと横にいるのが当たり前のような贅《ぜい》沢《たく》な生活体験をさせていただきました。それまでは思いもしませんでしたが、四十日の間に「夫婦というのは、これが自然なんだ」と思えてきたのです。今まで、不自然な歩み方をしていたにもかかわらず、不自然であることが分からなかったのです。

真のお父様は、そこで修練会に参加した私たちのことを、とても細かなところまで心配してくださいました。一家庭一家庭が、どのような夫婦生活をしてきたのか、心を砕いて聞いてくださったのです。

父母様が私たちの父母であることを、とても強く実感した瞬間でもありました。そこに参加した夫婦のことを、父母として心から心配してくださっていることがよく分かったのです。またジャルジン修練会では、さまざまな機会を通じて夫婦としての在り方や、夫婦が目指さなければならないものが何であるかを詳細に教えていただくこともできました。一つの共通の目的を持って心を通わせながら一日を生きることが、どれほど大切かということも知りました。

天のみ旨は、三大祝福を完成することであり、家庭理想実現が神様が与えてくださったみ旨の核心的部分であることを再確認したのです。

夫婦は一つにならなければならない

夫婦は一つにならなければなりません。分裂と争いは、人類の父母であられる神様を悲しませる、最も親不孝なことであることを知らなければなりません。一つになっている夫婦は、たとえ身体が離れていても、心はいつも一つです。課題を抱えている夫婦は、身体の距離も心の距離も離れてしまいます。

四章で「体の距離は心の距離」と述べましたが、体が離れることで、心も離れてしまうことがあるのです。もし、夫と心の距離を感じているならば、体を近づけてスキンシップをしたらよいのです。久しぶりに一緒に風呂に入って背中を流してあげるのもよいでしょう。

なかには、夫婦の寝室が別々であったり、同じ部屋でも布団を二組敷いている夫婦もいます。そのような夫婦は、まず部屋と布団を一つにして、一緒に休むように努力してみるのです。理想の夫婦を目指すならば、まず夫婦の寝室は一緒であることが大原則です。

夫が仕事に出掛けたとき、妻はどうしようもなく寂しい思いをし、切実に夫の帰りを待ちわびる。そして夫が帰ってきたら飛んで行って抱きつくほど感動的な再会をするのです。そのような感覚の感動的な夫婦になっているでしょうか。夫婦生活は最高の感動と喜びの中で神様を迎えて一つになる場ですから、人生にとって最も大切な場なのです。

真の父母様に学び、理想の夫婦像を目指す

女性もそうですが、男性にとっても夫婦生活の場はとても重要です。特に夫婦の性生活について、妻である皆さんは最大限の関心と理解を持つ努力をしなければなりません。日本の女性は、関心を持たなさすぎる傾向があります。夫婦生活の中で、妻との関係に寂しい心情を抱えて生活をしている夫は少なくないのです。

人間は神様に似た者とならなければなりません。愛を中心として調和、統一し、完全に一体となる夫婦を目指すべきなのです。

「長年、夫婦が一体化できずに時が過ぎてしまった」と諦めている婦人がいました。年月を経ているほど変わりにくい部分もありますが、どんなに頑なになった人の心でも、「真心」の前には必ず解かれていきます。そのことを信じてください。道は必ずあります。良い夫婦を目指して、たとえ時間がかかっても必ず元に戻すと決意して、希望を持って再出発しましょう。

統一教会が素晴らしいのは、真の父母様が実体としておられるということです。父母様が真の愛を中心として完成された夫婦、家庭の理想像を実体で見せてくださっています。実体の真の父母様がいらっしゃるがゆえに、私たちは完成した夫婦像を持って、その姿に憧れながら希望を持って前進することができるのです。妻にとって夫は、理想世界に向かって歩むために与えられた神様の祝福なのです。理想家庭は私たちに約束された契約です。祝福の契約なのです。

(二) 夫婦生活の芸術化

夫に喜びや希望を与えるのも妻の役割

父母様は「夫婦生活を〝芸術化〟させなさい」とおっしゃいます。夫婦が愛し合うことも生活環境も、夫婦として生きること自体を〝芸術化〟させていくのです。

夫に心情的刺激を与え、夫が夫婦生活の中に喜びを感じることができるようにしていくのも、妻としての重要な役割です。

夫婦生活が最高の心情の芸術作品になるように、どのように改善していったらよいのでしょうか。お父様のみ言を中心に整理してみましょう。

〈最高の文学作品に〉

「理想的夫婦とは、どのような夫婦でしょうか。最高の芸術を実体に展開できる夫婦、最高の文学を実体に展開できる夫婦なのです。最高の理想、最高の文化世界に接する前に、最高の愛によって夫婦が授け受ける甘味な愛が世界最高の芸術作品にならなければなりません。夫婦生活自体が最高の文学作品であり、それ自体が文学の実体にならなければなりません」（『天聖経』「真の愛」）

〈生活を日記に〉

「愛の生活においての芸術化というのは、みんな日記に書いておくのです。『何年何月にはどういうことがあって…』と。みんな昔の思い出を大切にするのです。ですから、できるならば、昔の思い出のコースを繰り返して、印象を回復してやるのです。そういう生活をするのです。それで信頼の度が高まるのです」（訪韓修練会「現地の整備・夫婦生活の芸術化」、一九

九三年十二月二十一日）

祝福を受けた夫婦は復帰摂理歴史の初穂です。夫婦が愛し合って暮らす様子を日記に残していくのです。それは百年、二百年後に世界最高の文学作品として称賛されるはずです。

後世の人々はそれを読んで、「人類最初の真の愛を受けた人たちは、このようにして真の愛を確立し、このようにして真の夫婦になっていったのか」と感動することでしょう。私たちがそのような記録を残さなければ、復帰摂理歴史に穴が開いてしまいます。「これが真の夫婦だ。真の夫婦生活だ」というものを、後世にきちんと残していかなければなりません。それを子供たちに贈るのです。「お父さん、お母さんは真の夫婦を目指してこんなふうに愛し合って生きてきたんだ」と。

どんな財物を残してあげるよりも、父母が真の愛に生きた姿を綴《つづ》った日記を手渡してあげるほうが、子供たちにとってはかけがえのない財産になるに違いありません。祝福の夫婦の一挙手一投足は、それほど歴史的なものだということを自覚してください。

〈顔のスタイル〉

「すぐに飽きるのです。本当です。だから顔のスタイルも大切なのです。『今月の私のスタイルは、春のタイプだ』と、いろいろのスタイルが必要です。冬の気持ちの時に、朝、旦那さんが出かけた場合には、春の陽気の色とりどりの香りの花が咲くような姿で部屋を明るくして待つのです」（同）

心情の変化によって、いろいろな形状が現れます。夫を本当に喜ばせてあげたいという心が、顔や部屋の雰囲気として現れるのです。そのような心情を持って生活することが大切です。私たちは生活そのものを芸術化していかなければなりません。顔もスタイルも芸術化しましょう。

凍てついた顔に吹雪のような言葉。そんな万年冬であってはいけません。春の日差しのような温かい愛で包み、色とりどりの花が咲き乱れるように、部屋を明るくして待ち、時には夏のように情熱的に迎えることも必要なのです。

〈尊敬語を使う〉

「なぜ、男が主体ですか？　女が主体ではないのです。女は空箱です。男は子供の種を持っているのです。その種を空箱に移して育てるのです。だから、男を無視する女は、将来がだんだん狭くなっていくのです……。尊敬語を使わなくてはいけないのです」(同)

空箱は、その中に何を入れるかによって価値が変わります。愛と心情が入っている空箱は、最高の価値を持つことでしょう。夫に対して、「尊敬する心」「慕う心」を持ってこそ、尊敬語となって現れてくるのです。

〈環境を変えていく〉

「また、白いテーブルを黄色にすることもできるのです。いくらでも変えるのです。昼食を一食、二食食べなくても、それは変えることができるのです。それができないという人は、女としての資格がありません。妻になる資格がありません。ですから環境を変えていくことです。万年タンスを死ぬまで置いておくのではなく、一年くらいで色とりどりのタンスに変えて芸術化するのです」(同)

環境が与える影響は、とても大きいものがあります。色彩が人間の心に与える影響を考えながら環境に変化を与えることで、互いの心情に良い刺激を与えることもできるのです。

〈喜びの心情を引き出す〉

「みんな周辺の芸術品を美術化して、旦那さんの喜びの心情をいかに引き出すかということです。そうなると話も、話題が笑いとなって、旦那さんも喜ぶのです。そして一回、二回とキスし合って、二人の芸術的キスになるのです。それが必要です」（同）

このように、どういうキスをしたら夫が喜ぶのか、刺激を受けるのかも研究しなければなりません。夫に対してだけは、どんなに研究してもいいのです。

芸術的なキスができますか。祝福を受けた夫婦が愛し合ってキスするのはいやらしいものでしょうか。そうではありません。祝福の夫婦は最も清い存在です。天宙の中で最も誇るべき、純粋な愛を持った関係です。夫婦が愛し合って一つになるときには、天宙が感動するのです。

〈夫婦関係〉

「内的な夫婦関係の生活においては、女と男は時間が違うのです。男より女が五倍も遅いのです。遅い人は二倍から五倍以上にもなるのです。だから、夫婦関係においても、夫婦関係の味を知らないで一生涯を終えて死んでいく女がいるのです。それは男の罪です。夫婦関係が満足しなかった場合には、一日中、一カ月、その余波が続くのです。絶対に女性の健康のため、生理的にも絶対に必要なことです。分かりましたか」(同)

男性と女性は、内的にも外的にも正反対のことが多いのです。お互いがそのことを理解し、いかに調和していくかが重要です。私たちは、もっと相手のことを研究し、相手の喜びの心情を引き出していくための努力が必要です。

夫婦関係を通して目指すもの

「夫婦生活というのは偉大な修行者の生活、悟りの生活である。常に夫婦生活を通して何かを悟っていく生活にならなければならない」という み言があります。

夫婦の目的は、夫婦生活を通して神様の愛を実感し、人格を向上させ完成させていくことです。夫がいて妻がいて、初めて真の意味で神様を体験できるように創られています。

夫婦生活はまた、原理的観点から見ても、創造理想を完成していく上でとても重要です。人間に霊と肉が与えられた理由は、子孫を残すためだけではありません。

年を取って子供を生めなくなったら、夫婦生活は必要ないのでしょうか。そうではありません。神様が願われる夫婦愛の理想があります。夫婦愛を通して愛の人格を完成させなければならないのです。五十代、あるいは七十代、八十代の夫婦でも、夫婦愛が未完成ならば、霊界に行く直前まで夫婦愛を高め合わなければなりません。

年齢とともに〝妻〟であることをやめてはいけませんし、忘れてもいけません。年だからと言って、女性であることを放棄してしまう婦人がいます。夫が神様に近づける唯一の道は、妻を通じて真の愛を探し求めていく道です。夫婦は神様の似姿として創られているので、神様が訪ねてこられる位置です。夫にとって、妻は生涯なくてはならない存在なのです。

祝福の夫婦の愛は、世の中の夫婦の愛とは全く次元が違います。神様、真の父母様を通して与えられた夫婦愛の新しい伝統を相続して残さなければならない立場です。目指す理想に向かって、今日も明日も努力していきましょう。

おわりに

「信仰とは、望んでいる事がらを確信し、まだ見ていない事実を確認することである」（ヘブル人への手紙第11章1節）。

私たちは、理想家庭を築き、理想世界を築くために召命を受けた者です。人類の最初の家庭において実現できなかった夢と理想を成すために、神様は六千年の歴史を一度もあきらめることなく導いてこられました。私たちも、天のその心を知って、諦めることなく求め続けていきたいものです。

私たちには大きな希望と祝福とが与えられているのです。多くの先人たちは、天の示される道に疑いの心を抱かず、希望を持って突き進んでいきました。未来に向かって思慕する心と不屈の心は歴史を動かしてきました。私たちの信仰がある限り、神様は私たちに行くべき道を示してくださり、私たちの心に希望の光を灯してくださるでしょう。

「理想家庭の実現」は神様の願いであり、人類の願いであり、神様の重要なみ旨なのです。それを実現することが、私たちに与えられた宿命的課題なのです。

「〝妻力〟アップのための講座」を通して、全国の多くの婦人に会い、理想家庭実現に向けて真剣に取り組んでおられる姿に、改めて希望を持ち、感謝することができました。困難な中にあっても、信じ続け、果敢に取り組んでいかれた方々の貴重な証しをたくさん聞かせていただくことができました。

そして、神様に侍るように夫に侍ることの貴さを実感することができたことは何よりも貴いことだと思います。妻として、母として、姉・妹として、夫に愛をふんだんに投入して侍っていくならば、ご主人は必ず心を皆さんに向けてくれることでしょう。

本書の中で「一つでも実践してみよう」と感じたものがあれば、ぜひ続けて実践していただきたいと思います。

笑顔で毎日の信仰路程を歩んでくださるように、そして一日も早く愛するご主人と子女と共に理想家庭を実現できる日が来るよう、心から祈らせていただきます。

著者のプロフィール

倉内和義（くらうち・かずよし）

1953年福井県生まれ。高校生の時に「静岡に行け」という天の声を聞き、静岡へ。そこでキリスト教の教会に通っている時に、下宿先の近くにあった統一教会の聖地で伝道される。

1978年、1610双の約婚。82年、6000双の祝福式に参加。1990年に入り、氏族的メシヤを担当、名古屋の守山修練所（現・守山研修センター）所長を務め、18年間教育に携わる。夫伝道のための教育の必要性を感じ、1990年後半から訪問などをしながら婦人教育に当たる。

2009年、千葉中央修練所副所長。現在、講師としても活動中。

良き妻、良き夫婦への道しるべ

2014年9月20日　　初版発行

著　者　倉内和義
発　行　株式会社　光言社
〒150-0042 東京都渋谷区宇田川町37-18
電話　03（3467）3105
http://www.kogensha.jp
印　刷　株式会社 ユニバーサル企画

ISBN978-4-87656-182-7